大脚跟小脚

幼儿园项目制家长课程体系的实践探索

王蜀　胡晓红　杜波平　著

WUHAN UNIVERSITY PRESS
武汉大学出版社

图书在版编目(CIP)数据

大脚跟小脚:幼儿园项目制家长课程体系的实践探索/王蜀,胡晓红,杜波平著.—武汉:武汉大学出版社,2021.9
ISBN 978-7-307-22581-7

Ⅰ.大… Ⅱ.①王… ②胡… ③杜… Ⅲ.幼儿园—家长工作(教育) Ⅳ.G616

中国版本图书馆 CIP 数据核字(2021)第 191925 号

责任编辑:聂勇军　　责任校对:李孟潇　　版式设计:韩闻锦

出版发行:**武汉大学出版社**　(430072　武昌　珞珈山)
(电子邮箱:cbs22@ whu.edu.cn　网址:www.wdp. com.cn)
印刷:武汉邮科印务有限公司
开本:720×1000　1/16　印张:12.5　字数:178 千字　插页:2
版次:2021 年 9 月第 1 版　2021 年 9 月第 1 次印刷
ISBN 978-7-307-22581-7　定价:42. 00 元

序　言

家园协同学习，共育全面儿童

家长教育课程一般指的是幼儿园基于家长的生活经验，为家长设计实施的一系列旨在传授儿童发展知识、家庭教养技能，改变家长教养态度、教养方式以增进亲子关系的教育活动。这属于非正规的教育和成人学习的范畴。就做父母而言，每一个父母都需要终身学习，都需要不断地学习如何与自己的孩子互动，支持他们的发展，真可谓活到老学到老，教育到老。在现实生活当中绝大多数家长都没有受过儿童教育方面的专业训练，都没有机会系统地去学习儿童发展的知识以及教育儿童的技能，都是当了父母之后，在实践当中不断摸索学习如何教养自己的孩子，甚至只有当孩子的发展出了问题时，家长才意识到自己的教养方式存在重大缺陷。在这种背景之下，幼儿园尤其是高质量的幼儿园因对幼儿的发展有着独特的认识和见解，积累了丰富的儿童发展知识和教育经验，有能力有资源有条件为幼儿家长增进教养能力提供积极的支持和帮助。世界上包括中国在内的很多国家，在界定幼儿园的角色职能的时候，都会突出幼儿园在家长教育方面的功能和价值。

重庆市大足实验幼儿园是重庆市市级示范幼儿园，是渝西片区一所具有代表性的高质量幼儿园，自然有能力也有意愿为家长教育能力的提升付出自己的努力。在具体实践中，大足实验幼儿园责无旁贷肩负起在大足区开展高质量家长教育的重任，履行了社会职责，为大足社会各界所称道。

十多年以来，大足实验幼儿园没有停留和满足于传统的家长教育实践，而是敏锐地看到了传统的以理念知识传递为核心的讲授型家长教育已经不能满足新一代受教育水平比较高的家长的需求，没法有效帮助家长提升自身的教养能力，很多家长参与传统的家长教育活动并不是出于自愿而是出于压力，这就从一个侧面反映了传统家长教育面临的困境。有鉴于此，大足实验幼儿园在胡晓红园长的带领下开始了艰难的自我批判反思和卓有成效的家长教育课程重建。她们基于成人学习的特点，果断采用杜威的做中学思想，融合意大利瑞吉欧的项目活动的理念与实践，开发实施了属于大足实验幼儿园自己的家长教育课程，并对其命名为项目制家长教育课程，本书就是对其理念和实践的深入诠释。总体来看，该课程具有以下几个突出的特征。

一、基于需求评估设置了多元的具体的家长教育课程目标。基于对本园家长家庭家养现状的调查分析，结合相关的教育理念和研究文献，大足实验幼儿园准确识别出了家长在教育孩子方面的真实需求，以此为依据设置了多元合理的课程目标，涵盖家长的儿童发展知识、教养方式、教养技能、自我觉察等方面的具体课程目标，这非常有利于课程的开发与实施，有利于课程效果尤其是家长学习效果的评估，也能保证课程切实促进家长的发展与提高。

二、课程的内容充分考虑了家长的经验并以问题的方式呈现出来。课程的内容只有基于家长的已有经验，才有可能被家长接受并对其产生积极的影响。正如美国著名教育心理学家奥苏贝尔在其代表作《教育心理学：认知观点》的扉页上用特大号字体写的那样：“假如让我把全部教育心理学仅仅归结为一条原理的话，那么，我将一言以蔽之曰：影响学习的唯一最重要的因素，就是学生已经知道了什么，要探明这一点，并应据此进行教学。”大足实验幼儿园非常重视家长的已有经验，其家长教育课程内容不是远离家长日常生活和抽象的教育理论和空洞原则，而是从家长的日常经验和教育情境中筛选出来的代表性问题，这些问题指向家长教育课程的目标。这些问题主要包括如何看待儿童、如何了解你的孩子、如何与孩子沟通、如何管理幼儿的行为、如何觉察和控制自己的情绪等，不一而足。

三、课程实施方式采用了符合成人学习特点的项目活动方式。项目活动究其本意，指的是师生双方就一个值得探究的话题展开深入探究，强调的是发现问题和解决问题的过程，而不是强调得到一个共同一致的结论。大足实验幼儿园的家长教育课程以问题为中心，每个问题可以看做一个项目，幼儿园的管理者和教师，与家长一道围绕这个开放性的问题展开深入的学习、交流、沟通，共同寻找解决问题的可能办法，在探究和问题解决的过程中对家长在教育孩子方面的情感态度、技能、指示等施加积极有效的影响。这种项目活动的方式一般都以工作坊的方式进行，家长学习的方式主要是做中学，需要动用自己的所有感官和情感，而不是只扮演知识接受者的角色。这一实施方式带来的家长角色转型，激发了家长参与家长教育课程的内在动机，家长开始感觉到不参与家长教育课程是莫大的损失，被迫参与家长教育课程的感受大大降低。

四、课程关注到了有特殊幼儿的家庭的需要。大足实验幼儿园在这方面很有前瞻性，充分考虑到有特殊幼儿的家长的特殊需要，并努力给予回应和满足，这一努力充满了人文关怀，心中装着全体幼儿，也符合中国学前教育未来发展的方向。她们自己在努力学习和研究特殊幼儿发展与教育的同时，积极在护理、教养、行为管理等方面为那些处于发展高风险阶段的幼儿及家长提供力所能及的帮助。

大足实验幼儿园在项目制家长教育课程研发和实施方面的努力和成果是显而易见的，其课程可以供很多早期教育机构参考和借鉴。受制于幼儿园的条件和精力，该课程还存在一些需要加以完善的地方，希望大足实验幼儿园未来能够运用更加科学的方法了解和研究本园家长的需求以及本园幼儿的发展状况，基于需求评估设置更为精准具体的课程目标，围绕课程目标选择恰当的课程内容并将其分层和体系化，做成有梯度的内容体系，同时细化和改进培训过程，根据目标和内容来探寻具体的家长受教育效果的评估工具，为课程的发展和改进提供动力和基础。

期待大足实验幼儿园在家长教育方面取得更加丰硕的研究成果，为重庆幼教的发展做出自己的贡献。

是为序。

苏贵民

2021 年 8 月 26 日于西南大学教育学部

目　录

第一章　缘起：为什么要开展项目制家长课程

第一节　课程开展的原因

一、厘清几组关系

(一)幼儿园教育、家庭教育与家长教育

1. 幼儿园教育

幼儿园教育是基础教育的重要组成部分，是我国学校教育和终身教育的奠基阶段。与其他的教育阶段不同，该阶段的教育是启蒙性的、全面性的，需要遵循幼儿身心发展特点和规律，从健康、语言、社会、科学、艺术等五个领域进行全面发展的教育，从不同的角度促进幼儿情感、态度、能力、知识、技能等方面的发展。① 幼儿园主要针对3~6岁阶段的儿童开展教育活动，是这一年龄阶段儿童教育的主要专业

① 参见《幼儿园教育指导纲要》(试行)(教基〔2001〕20号)，2001年9月起试行。

机构。

2. 家庭教育

家庭是孩子的第一课堂，父母是孩子的第一任老师，家庭教育工作开展得如何，关系到孩子的终身发展，关系到千家万户的切身利益。家庭教育是指父母或者其他监护人对未成年人实施的以促进其健康成长为目的的教育。① 就年龄而言，孩子的年龄越小，对家庭的信任度和依赖度就越大，家庭和家长对孩子的影响力也更为凸显。因此在 3~6 岁阶段，家庭教育和幼儿园教育对孩子而言，处于同等重要的地位，家庭是幼儿园重要的合作伙伴，共同承担着对学龄前儿童的教育活动。

3. 家长教育

赫尔巴特(Johann Friedrich Herbart)认为家庭教育的先决条件是：在家庭中要获得正确的教育学观念，不能让古怪的念头或一知半解来代替这种观念。② 家长(包括父母和祖辈家长)在家庭教育中处于主导性地位，家长的教育理念、教育理论和教育方式直接影响着家庭教育的效果。对 3~6 岁阶段的幼儿而言，家长有着与幼儿园教师同等的地位，也应该是一名“教育者”。然而，当前我国家长受教育的水平参差不齐，对科学育儿理念和教育理念一知半解的家长大有人在；诸多家长存在认识不到位、教育水平不高、相关教育资源缺乏等问题，导致一些家庭出现了重智轻德、重知轻能及过分宠爱、过高要求孩子等现象，影响了孩子的健康成长和全面发展。③ 我国近代著名儿童教育学家陈鹤琴先生一再强调幼儿教育遵循儿童身心发展规律的重要性：“家庭教育必须根据儿童的心理始能行之得当。若不明儿童的心理而妄施以教育，那教育必

① 参见《中华人民共和国家庭教育法》(草案)。

② [德]约翰·弗里德里希·赫尔巴特. 教育学讲授纲要[M]. 李其龙，译. 北京：人民教育出版社，2017：173.

③ 参见《教育部关于加强家庭教育工作的指导意见》(教基一〔2015〕10 号)。

定没有成效可言。”①对此，面向幼儿家长提供科学育儿指导，使其成为合格的教育者，就成为幼儿园肩负的又一项重要教育任务。

（二）家长学校和家长课程

家长学校是学界公认普及家庭教育知识最有效的渠道。早在1992年，国务院就下达《九十年代中国儿童发展规划纲要》的通知，要求在城镇和农村均要设立多层次的家长学校，向不同年龄阶段儿童的家长提供较全面的家庭教育知识，推广保育、教育方法。家长学校是指以未成年人家长及其抚养人为主要对象，以传授家庭教育的科学知识和方法为主要内容的一种业余教育形式。② 这是一种非正规的成人教育组织，其受教育主体是家长（抚养人）等成人对象，主要任务是：帮助和引导家长树立正确的家庭教育思想和观念，掌握家庭教育的科学知识和方法；向家长介绍未成年人生理、心理发展特点和营养保健常识，指导家长进行科学的家庭教育；帮助家长加强自身修养，营造良好的家庭环境，提高家庭教育水平。③

家长学校的实现方式是灵活多样的，其中家长课程是家长学校达成教育目标的最为体系化的实现方式。作为体系化的课程，欲规范家长课程的开展，保证家长课程的实效性，家长课程就必须根据家长学校的教育目标，制订课程计划、开发课程内容、规范课程模式、设定考评标准、完善教学保障；但是作为非正规的教育形式，家长课程的开发设置又不能等同于传统课程：

- 在时间安排上，要充分考虑家长的时间安排，不能占用家长的工作时间；
- 在内容开发上，要有针对性、实用性、科学性、可操作性等

① 陈鹤琴. 家庭教育[M]. 北京：中国青年出版社，2012：11.
② 顾明远. 教育大辞典[M]. 上海：上海教育出版社，1998：455.
③ 参见《关于全国家长学校工作的指导意见》（妇字〔2004〕41号）。

特征；

- 在课程模式上，要灵活多样，考虑到家长的多元性；
- 在考核评价上，要采取多元主体评价和多类型评价，提升评价的信度和效度；
- 在教学保障上，要有人、财、物以及组织的多方保障。

总之，家长课程的开发要直指家长学校的培养目的，基于产出导向（OBE），充分考虑培养主体的差异性和培养需求的特殊性，灵活、多样地设定相关课程，保证家长学校目标的有效实现。

二、现状与困惑

（一）家长学校现状分析

1. 家长学校取得的长足发展

我国学校教育尽管有着家校沟通的良好传统，但是幼儿园往往被作为一种托育机构，家园共育并未引起足够的重视。1990 年代以来，随着国家经济的发展、受教育水平的提高，以及国家计划生育政策的深入推行，国家教育机构、相关研究机构和越来越多的家长开始关注学龄前儿童的教育质量，推动了这一时期家、园的联系，幼儿园家长学校也获得了较快的发展，主要表现在以下方面：

- 家长学校已经成为幼儿园阶段的常设组织；
- 家园之间的关系由一种相对松散的“配合”转向更加紧密的“协同”；
- 家长学校的教学内容和形式开始多元化；
- 幼儿园仍然是家长学校的主导。

2. 家长学校发展中的问题

1990 年代以来，家长学校尽管发展较快，但也存在着比较突出的问题，一定程度上影响了对家长教育的效果。2004 年华东师范大学教育学系“家长学校发展趋势研究”课题组曾对上海家长学校作了调查统计，数据显示：20%的家长学校是为应付上级要求而开设、1/3的家长学校课时未达到国家规定底线、90%以上的家长学校以上课为主要方式、按照家长文化和特点(单亲、下岗职工、个体经营者等)进行分类授课的占30.8%、授课教师中儿童教育专家只占42.2%。①作为中国教育排头兵的上海尚且存在着诸多问题，其他省份的情况就不能不令人担忧。

尽管国家出台了多部文件②对家长学校做出了较为全面的要求，但时至今日，许多问题仍然存在，在幼儿园中集中体现在以下方面：

- 家长学校需要纳入学校的规范教育体系吗？
- 应该将家长培养成为什么样的人？
- 家长学校需要教给家长什么？
- 如何让家长学校的家长教育更加有效？
- 需要对家长的学习进行考核吗？如果需要怎样考核更合适？
- 谁应该成为家长学校的教学主体？

(二)家长学校的问题分析

幼儿园家长学校存在的普遍问题究其原因是多方面的，但主体性原因是首要的影响因素，从这方面入手，更容易找到有效的解决方案。主体性因素研究可以分别从家长视角、幼儿园视角、管理部门视角三个方面进行。基于本次研究的方向，我们将从前两种视角来进行归因分析。

首先，就家长视角来看：缺乏早教意识，对家长学校认识不到位直

---

① 张玲，马天宇，邹扬，邵雪玲. 管理者眼中的家长学校[J]. 中小学管理，2006(4)：45-46.

② 这些文件包括：《国务院关于九十年代中国儿童发展规划纲要的通知》(1992)、《关于全国家长学校工作的指导意见》(1998、2004)、《关于进一步加强家长学校工作的指导意见》(2011)、《教育部关于建立中小学幼儿园家长委员会的指导意见》(2012)、《教育部关于加强家庭教育工作的指导意见》(2015)。

接导致家长参与度不高，难以实现家长学校的教学目的。

在大多数家长看来，幼儿园是一个托育机构，而非教育机构，是家长平衡工作和家庭关系的庇护所。在家长的眼里，孩子就像一个被圈养的宠物——弱小而无意识，孩子需要的是看护和喂养，从而保证他们在无危险的情况下获得生理成长。幼儿园顺理成章地就成为了这样一个机构。

然而，这类家长往往会忽略掉这些问题：

- 学龄前儿童有自己独立的思维吗？
- 学龄前儿童的生理、智力的健康发展是否代表了心理的健康发展？
- 我们应该教会学龄前儿童什么？
- 我们应该采用什么方式来教育学龄前儿童？
- 学龄前儿童的教育会对未来的发展带来多大的影响？

其次，就幼儿园视角来看，同样存在着对家长学校的认识误区（或盲区）。

（1）缺乏明确目标，认识不足。对幼儿园的调查数据显示：22%的家长学校的开办是为了应对上级部门的要求；10%是为了提升幼儿园的品质。可见，有1/3强的幼儿园家长学校的开办是被动的，它们缺乏对家长明确的培养目标。大多数的家长、幼儿园都将家庭教育作为幼儿园教育的补充和附属。因此，家长也就作为教师教学的配合者。对家长身份的这种错误定位导致了家长学校无法朝向专业化、体系化发展，这也是家长学校建设效率低下的根本原因所在。

（2）课程缺乏系统性、内容缺乏针对性。尽管调查显示90%以上的幼儿园在开展家长学校时都有教学计划，但是缺乏人才培养方案，这就使得幼儿园对家长的培养缺乏一个三年的整体设计和统筹的规划。在这三年内需要设计哪些课程，让家长获得哪些知识、能力、素养等这对大多数幼儿园来说恐怕都是茫然的。当然，这种规划性的缺失往往带来的就是教学内容的零散性和无针对性。据统计，33.3%的学校没有教材，由任课教师根据教学计划来确定教材的占 31.4%，自编教材的占 29.4%，统一发放教材的仅 5.9%。① 学校如何系统性地设置家长课程，在家长课程中是否有必要选用、编写统一的教材？什么内容的教材能够培育家长朝教育者的方向发展？这是每一个幼儿园家长学校都值得深思的问题。

(3)教师团队的非专业性也限制了家长学校教育质量的提升。数据表明：家长学校教师数量和质量堪忧。在家长学校任课的教师中，校长或其他管理人员占 74.5%，其他任课教师和有经验的家长占 54.9%，儿童教育专家只占 42.2%。② 当然，教师团队的人员结构不能完全说明问题，教学关键在于教师团队是否能够针对家长学校的培养目标和需求，深入系统地研究教学内容和教学方法，是否能够有效地将专业知识以合理、适度的方式传递给家长，让家长学有所获。

(4)缺乏多元的考核评价机制。《关于全国家长学校工作的指导意见》(2004 年)要求应对家长学校学员进行有效考核，并将考核结果传达到家长所在单位、社区。但是，如何考核，考核什么，谁来考核，这些都值得深入研究。由于家长学校的非正规性，使得对家长学员的考核最终流于形式。即便有考核，考核的形式也相对比较单一，无法测定出家长学校培训目标的达成度。

总的来说，无论是家长还是幼儿园对家长学校都缺乏清晰的认识和足够的重视，始终将其作为一个业余学校来对待，并未将家长放到“受教育者”的角色来进行培养，也就未按照教育的规范性要求来进行家长学校建设和课程体系的开发，因而难以达成家长学校的培养目标。

---

① 张玲，马天宇，邹扬，邵雪玲. 管理者眼中的家长学校[J]. 中小学管理，2006(4)：46.

② 张玲，马天宇，邹扬，邵雪玲. 管理者眼中的家长学校[J]. 中小学管理，2006(4)：46.

三、思考与选择

重庆市大足区实验幼儿园(以下简称“大足实幼”)是一所有着99年历史的老幼儿园，2005年成功创建“重庆市示范幼儿园”。在长期的办园实践与探索中，该园始终坚持“以孩子为中心”，坚持以“小步行走，自在生长”为办学理念，主张打造符合幼儿身心发展规律、面向幼儿未来发展的优质教育。优质的幼儿教育离不开优秀的家长群体，对此该园开展了长达十多年的家长学校课程改革之路，摸索出了“基于项目制的家长课程体系”的家长学校课程教学模式，取得了良好的效果。

(一)教学改革的需要

随着国家综合实力的不断提升，我国在国际事务中发挥着越来越重要的作用，这就需要更为优质的国民教育体系与之相匹配。从高等教育到基础教育、从教育理念到教育方式、从教育内容到教育评价等各个层面的教育教学改革正在悄然铺开，“创新驱动”“学习型社会”已成为主导中国发展的核心理念。

1. 家长课程规范化和系统化改革的需要

传统的办学认知中，认为家长学校是一所临时性的、非规范性的培训机构，这就导致许多幼儿园家长课程是临时拼凑的，非系统性的。这样的家长课程无法让家长尊重幼儿的身心发展规律进行幼儿教育，更遑论培养合格的家庭教育者了。现代学前教育学建立在幼儿心理学、幼儿卫生学的研究成果之上，拥有一套相对完整的科学教育体系，家长只有通过系统学习才能够掌握它，国外甚至提出了让家长“持证上岗”的要求。这就不可避免地对当代家长课程提出了更高的要求，家长课程体系的改革势在必行。

2. 项目制教学改革符合国家对学前教育的要求

学前教育是终身学习的开端，是国民教育体系的重要组成部分。办好学前教育、实现幼有所育，是党的十九大做出的重大决策部署。①2012年国家提出在学前教育阶段要让儿童快乐、健康成长，消除单纯追求知识技能学习的短视做法，充分尊重和保护幼儿的好奇心和学习兴趣，逐步培养他们敢于探究和尝试、乐于想象和创造的良好学习品质。② 这就需要加快幼儿园“去小学化”进程，让游戏成为幼儿园教学的基本教学活动。③ 这不仅要求幼儿园的园长、教师要转变教育理念和教学方式，通过幼儿亲身体验、直接感知、实践操作、自主游戏等来引导幼儿自主性的发展，更要求家长要树立科学的育儿观念，深入观察和了解幼儿的学习兴趣和需求，在充分尊重幼儿的基础上跟随孩子成长。这就需要家长学校重新定位对家长的培养目标，改革传统的家长课程及其教学模式。

(二)幼儿园的教学传统

作为“重庆市示范幼儿园”，大足实幼一直走在幼儿教育的前沿，她们提出了“这是我的一小步”的核心表达，凝练出了“小步行走，自在生长”的办园理念。充分尊重幼儿发展的生理、心理规律，保护幼儿的好奇心和学习兴趣，逐步培养他们敢于探究和尝试、乐于想象和创造的良好学习品质是“自在生长”的核心内涵。基于此，大足实幼提出“小脚丫系列”教学改革，这是由“教”向“学”模式转变的一次尝试。

自美国著名教育家杜威提出“新三中心”后，“学生中心”开始受到

① 中共中央，国务院. 关于学前教育深化改革规范发展的若干意见[EB/OL]. (2019-11-07)[2021-03-11]. http://www.moe.gov.cn/jyb_xwfb/moe_1946/fj_2018/xw_fj2018_01/201811/t20181116_355005.html.

② 教育部. 关于印发《3—6岁儿童学习与发展指南》的通知(教基二〔2012〕4号)[EB/OL]. (2012-10-09)[2021-03-11]. http://www.moe.gov.cn/srcsite/A06/s3327/201210/t20121009_143254.html.

③ 教育部办公厅. 关于开展幼儿园“小学化”专项治理工作的通知(教基厅函〔2018〕57号)[EB/OL]. (2018-07-13)[2021-03-11]. http://www.moe.gov.cn/srcsite/A06/s3327/201807/t20180713_342997.html.

教育界的关注。人们开始意识到，教育并非被动地单向传递，“教”与“学”是一对交互过程，学习是教育的核心，是一种主体性活动。“小脚丫”系列教学改革的核心理念便是“幼儿中心”，与过去以教师为中心的“教”不同，“小脚丫”系列教学改革更加注重幼儿的“学”。强调知识应该产生于幼儿所经历的各种经验之中，幼儿学习就是不断体验、探索、内化经验，并且融入不同的“生活圈子”的过程。这是一个幼儿自主开发的过程。为有效达成幼儿的培养目标，大足实幼提出了基于游戏活动的“项目制教学”。幼儿在项目的设定及完成过程中，充分发挥自身(含幼儿团队)的自主性，激发其潜在的探索精神和求知欲。经过十多年的耕耘，“幼儿项目制教学”被不断充实、完善，当前已成为幼儿园教学的主要形式和手段。

随着“小脚丫”系列教学改革的深入，这种教学尝试从幼儿拓宽到对成人的教育。2008 年大足实幼开始了对家长学校课程的改革探索，2012 年幼儿园立项课题“教师引导家长主动配合促进幼儿发展研究”，尝试将“项目制”引入到家长课程中，希望家长在参与幼儿的活动中，了解和掌握儿童的身心发展规律，与学校协调一致，共同完成对幼儿的“无缝教育”；提出了“大脚跟小脚”项目制家长课程的构想，全面开展对家长课程教学改革的研究。

第二节 课程开展的价值

一、理论价值

(一)家庭教育的理论贡献

1. 家庭教育理论的发展

关于家庭教育的理论古往今来著述丰硕，这些理论大致从以下几方面来进行阐述。

第一，早期的教育者们关注环境对幼儿的影响，认为家庭作为幼儿生长的"第一环境"，直接影响着幼儿的发育、发展。亚里士多德强调要注意防止外界的不良影响，7 岁前的儿童应该在家里培养。① 昆体良更是要求选择品性好且受过教育的人来担任幼儿的家庭保姆。② 洛克主张教育只能在家庭中通过聘请家庭教师来完成。③ 儿童就像一块"白板"，通过情境设定可以塑造儿童的良好品性。

第二，近代以来，家庭教育则更偏重"自然教育"。在"自然教育"倡导者看来，尊重自然就是顺应幼儿本性，即心理和身体的发育过程。夸美纽斯最早表达了自然教育的思想，认为教育应该顺应幼儿的本性，家庭则承担这个重要任务，母亲就是主要教师。④ 他还编写了《母育学校》指导父母对幼儿的教育，这是较早的"家长学校"教材。让·雅克·卢梭认为人性本善，"出自造物主之手的东西，都是好的"，⑤ 因此家庭教育应该顺应人的本性，作为教育者应该是一名"导师"而非"教师"。

第三，现代家庭教育开始关注幼儿的心理发展。裴斯泰洛齐最早提出教育心理化的构想。在他看来，家庭是教育的起点，是"上帝为教育人类提供的唯一外部环境"，⑥ 家庭应该关注孩子的心理感受，父母应用爱唤醒婴儿对父母的热爱、尊敬和信赖。福禄贝尔受宗教思想的影响，认为幼儿的先天活动本能是"上帝的本源"，他会发展成为"创造的

---

① ［古希腊］亚里士多德. 政治学［M］. 吴寿彭，译. 北京：商务印书馆，1998：401-402.

② ［古罗马］昆体良. 昆体良教育论著选［M］. 任钟印，译. 北京：人民教育出版社，1989：221-236.

③ ［英］洛克. 教育漫话［M］. 朗悦洁，译. 武汉：武汉出版社，2014：132-136.

④ ［捷克］夸美纽斯. 夸美纽斯教育论著选［M］. 任钟印，译. 北京：人民教育出版社，1990：15.

⑤ ［法］让·雅克·卢梭. 爱弥儿［M］. 李平沤，译. 北京：商务印书馆，1996：5.

⑥ ［瑞士］裴斯泰洛齐. 裴斯泰洛齐教育论著选［M］. 夏之莲，译. 北京：人民教育出版社，1992：292-293.

本能，父母应该善加引导”,① 反对压制儿童天性。

从对家庭教育发展历史进程的梳理来看，传统的家庭教育往往从外部环境、成人、家长视角来看待家庭对幼儿的教育，即便近代以来转向对幼儿的本性乃至心理发展的关注，但其目的仍是出于对成人“如何更好地教”的思考。换言之，家长和孩子之间的关系并非平等的，家长总是处于主导地位，而幼儿则从属于家长，家长总是以处于上位者的姿态来“指导”孩子。尤其在中国，传统儒家“长幼有序”的尊卑思想更是确立了家长在家庭教育中“不可撼动”的主导者地位。在中国传统观念中，成年人(尤其是老人)比年轻人经历了更多的人事沉浮，其经验是宝贵的，必须借以“训示”后世子孙。这对注重“纲常伦理”的“规矩社会”而言，毫无疑问是很重要的，它让幼儿从“无知少年”变成了“社会人”，融入社会这个“圈子”中。但是从某种程度上来说，这也限定了孩子的创新思维和探索精神的发展。

2. 项目制家长课程的理论贡献

大足实幼所进行的项目制家长课程体系改革在理论上的贡献在于对传统家庭教育(尤其是中国传统家庭教育)的理念突破，尝试打破家长上位者的姿态，打破成年人作为“道”的传授者的地位，让家长以幼儿的视角来对待幼儿的教育，更进一步来说，就是让家长以朋辈的身份，用幼儿的眼光，通过体验式、探索式的活动(或游戏)与幼儿一起“发展新知识”“挖掘新技能”“找寻新路径”“培养新思维”。

19 世纪末 20 世纪初，在教育领域最大的变革莫过于“教学三中心”的转变，在杜威等进步主义教育理论家的推动下，以教师为主导的“教”向以学生为中心的“学”转变，课程也由学校的“有形课堂”向社会的“无形课堂”转变。教育理论变革运动的社会影响是深远的，博比特、泰勒等人的课程开发理论中就吸收了进步主义者的思想。但是，影响所波及的范围主要局限于专业的教育机构(例如学校等)，尚未对家庭等

① 杨雄，等. 学前教育史[M]. 重庆：西南师范大学出版社，2019：240.

非专业性教育主体产生实质性的影响。无论是在欧美还是东方社会，仍较多地沿袭着传统的家庭教育思想和理念，这导致了专业教育机构与家庭教育主体之间教育的脱节。说教式、家长单向主导式的教育模式仍在家庭教育中普遍流行，尤其是对0~6岁阶段儿童，这种教育理念占据了绝对的主导地位，严重束缚了幼儿创新思维和探索能力的发展，这是项目制家长课程的理论突破点。

大足实幼以“小步行走，自在生长”为办园理念，这个理念不仅贯穿于日常的幼儿教育教学过程中，也渗透家长课程的家庭教育理念之中，主要表现为：

第一，陪伴教育。家长并不一定是儿童的引领者，但肯定是儿童的陪伴者，家庭教育应该是陪伴的教育，儿童在家长的陪伴照料下，逐步建立对社会(成人世界)的信赖感，对未知领域的好奇心，激发探索精神。

☞**案例：你会陪伴孩子吗?**

“你回家陪孩子了吗?”这是大足实幼每次家长学校开班和家长会中老师们都要问家长的一句话。

一次在家长会上我们再次问出了这个问题。

家长们：我当然陪伴了。许多家长几乎没有思索就做出了回答。

老师：那么，你知道什么是陪伴吗？或者，换一个说法：回家后你是如何陪着你的孩子呢?

这时的家长众说纷纭：

——只要下班，我就会立马赶回家，看着孩子；因为，生怕一转背，他就会出幺蛾子。

——一般吧，就是只要他不作妖，我就不会管他，我就在一旁坐着，他玩他的，我干我的工作，或者看手机。

——孩子一见到我，就会喊我陪她玩，上了一天班其实很累了，但是害怕孩子失望，一般都会陪她玩一会儿，应付一下，然后让她自己玩，我抓紧时间休息。

——通常他玩他的，我在旁边干我的事情。

——我家的孩子喜欢看电视，每次看电视的时候都会很安静，这时我就在旁边陪着看手机或者做自己的事情。

——我一般都会带孩子去滑旱冰、打球啥的，因为有教练在，所以我也有时间休息一下，看看手机啥的。

老师：那你问过孩子，他(她)喜欢你怎么陪他(她)吗？

家长：没有，但我的孩子每次都喜欢喊我陪她玩。

老师：那你一般都会怎么做呢？

家长：与孩子们玩游戏时往往很无聊，玩一会儿后就让人乏味，我会告诉孩子妈妈累了，要休息一会儿，孩子比较懂事，这时候她就会自己玩去。

老师：现在又回到了我最初提的那个问题：你知道什么是陪伴吗？你认为你下班后一直跟着他是不是就算陪伴呢？

陪伴其实也是一种教育。陈鹤琴先生曾说过：父子不做伴侣，则父子间容易发生隔阂……因此名虽父子，实同路人。父子做伴侣有很多好处：一是两者间没有隔膜；二是容易训育小孩子，以改正孩子不好的行为；三是容易教育小孩子，父亲以伴侣的身份更容易灌输给小孩子知识。① 当然陪伴教育与简单地“跟着孩子”“在孩子身边不远离他”并不是一个概念，现实中许多家长往往会把二者混为一谈。当代教育家朱永新教授曾提出“有效陪伴”的概念，要求家长要通过讨论和孩子一起去解决问题，要和孩子共同参加一些活动，要做到和孩子一起成长。

第二，朋辈关系。朋辈意味着平等、尊重和信赖，这是建立朋辈

① 陈鹤琴. 家庭教育[M]. 上海：华东师范大学出版社，2020：29-31.

关系的心理基础，也是陪伴教育的前提。心理学研究表明，朋辈之间更容易相互交往，更愿意接受对方所提出的建议。因此，现代教育理论认为，朋辈关系将转变人们对教育方式的传统认知，尤其是在中国。

"大脚跟小脚"表明家长需要改变与孩子间的"长幼"顺序，"小脚"在前"大脚"跟随其后。也就是说，家长要像孩子一样，用孩子的眼光去审视孩子，这样才能真正地尊重孩子(包括尊重孩子的主张、思想、行为等)，建立起父母和孩子之间的朋辈关系。

☞案例：你会倾听孩子的话吗？

老师：你最近是不是发现你的孩子特别爱说话了呢？

家长：是啊，我也发现最近我的孩子话特别多，会不停地跟我说这说那，每次你回答后他都会问为什么。

老师：那当你的孩子在不停地跟你说话或问问题时，你是如何做的呢？

家长：开始我会认真听，但后来发现，其实他的很多问题都是无意义的。所以，现在他跟我说话，我就听着(通常是一些无关痛痒的话)，我只要时不时地应付一两句就可以了。

从2~3岁开始，一直到6~12岁，这是孩子的语言敏感期。这段时间孩子的特点就是话特别多，孩子喜欢跟家长讲任何事情。这是家长最容易跟孩子沟通的时期，也是建立朋辈互信的最佳时期。中国的父母总是抱怨与孩子的关系越大越难处，究其根源，主要在于中国传统文化的"长幼"观念让父母与孩子之间较难建立起和谐的朋辈关系。而那些教育较为成功的家庭中，绝大多数的父母在孩子的幼儿时期就与其建立起了朋辈关系。家长和孩子不是警察与小偷的关系，而是平等的亲子关系，不要一味地想着去监督、控制孩子，而应该在尊重孩子的前提下，与孩子平等协商，共同成长。

第三，自在生长。自在生长意味着家庭教育要尊重孩子的身心发展规律。“尊重孩子的身心发展规律”这句话很多时候往往被许多幼儿园表述在纸面上，大足实幼却将它落实在实际教学中。

☞案例：让每个孩子都走在自己的路上

有时你在大足实幼教学楼的楼道里(图书区被设置在楼道的不同角落)，会看到一个小小的身影在独自读书，即便你从他身边走过，也丝毫不会让他停下阅读的目光。

据老师介绍，这是大五班的一个高智商小朋友，他不爱跟同龄的小朋友一起玩耍，但是却极爱阅读。为此，幼儿园专门给他提供了特殊待遇，允许他“自由阅读”，在征得老师的同意后，这个孩子可以在任何时候到阅读区去阅读他喜欢的各类绘本书籍。

在大足实幼看来，“自在生长”既要遵循幼儿普遍的身心发展规律，更要尊重自然给予孩子们的不同天赋，让他们的个性得以充分展现。这不仅是大足实幼人的责任，也是家庭和社会的责任。尤其是在0~6岁阶段，家庭教育的责任更加重要。这一阶段，家长需要保护和培养好孩子的好奇心、探索欲、创新精神，更要发现孩子自身的天赋，创造条件令其充分发展。因为只有这样才能“为孩子未来生活作好准备”，才能让孩子“自在生长”。

第四，游戏课程。“游戏”作为独立的词语最早出现在《史记·老子韩非列传》中：“千金，重利；卿相，尊位也。……子亟去，无污我。我宁游戏污渎之中自快，无为有国者所羁，终身不仕，以快吾志焉。”此处“游戏”指一种自由自在的状态。孔子也肯定游戏是有益的休闲活动。在英语中，“Game”往往与“Play”“Fun”搭配。“游戏”是饶有趣味的玩乐活动，“玩”是游戏的具体行为，“乐趣”是从游戏中得到的体验和情感。①

① 杨枫. 学前儿童游戏(第三版)[M]. 北京：高等教育出版社，2020：2.

也有人将“游戏”视为有规则的活动。①

在福禄贝尔看来，“游戏”具有教育的功能，是激发幼儿内在生命蓬勃发展的源泉。② 教育部颁布的《关于开展幼儿园“小学化”专项治理工作的通知》强调：“以游戏为基本活动，灵活运用集体、小组和个别活动等多种形式，进行自主游戏和学习探究。”柏拉图指出游戏内容和方式必须符合法律的精神，不得危害国家的安危，以便幼儿将来成长为合格的社会公民。③ 尽管蒙台梭利再三强调相对游戏而言，工作能促使幼儿获得更为全面的发展，但是陈鹤琴却纠正道，“游戏就是工作，工作就是游戏”。④ 因此，如何实现游戏的课程化成为后继者们不断探索的重要课题。

大足实幼的项目制课程(包括项目制家长课程和项目制幼儿课程)就是在游戏教学实践基础上开发的游戏课程。在她们看来，游戏是一种手段而非目的。通过游戏能够让孩子们学会如何处理未来生活中所面临的各类问题，这是他们在幼儿园阶段应该学会的“基础知识”。杜威曾说过，“获得知识的真正目的是，当它需要的时候，需求怎样获得知识，而不是知识本身”。⑤

☞案例：“小脚踏踏”游戏的设计

“小脚踏踏”就是大足实幼开发出来的一种角色扮演类游戏课程。该游戏课程是一个虚拟的小经济社会圈，这里有银行、餐厅、超市、擦鞋店、休闲游乐园、跳蚤市场等多个“单位”和相关的社会岗位，每个孩子每周有五元的“小脚踏踏代币”进行消费，如果

① 杨枫. 学前儿童游戏(第三版)[M]. 北京：高等教育出版社，2020：8.

② 樊香兰. 福禄贝尔、陈鹤琴幼儿游戏教育思想之比较[J]. 内蒙古师范大学学报(教育科学版)，2020(5)：49.

③ 杨汉麟，周采. 外国幼儿教育史[M]. 南宁：广西教育出版社，1993：33.

④ 陈鹤琴. 家庭教育(第二版)[M]. 上海：华东师范大学出版社，2020：81.

⑤ [美]约翰·杜威. 学校与社会·明日之学校[M]. 赵祥麟，等，译. 北京：人民教育出版社，2017：222.

代币不足以消费，孩子们可以选择为他人提供服务(如督导员、餐厅服务员等)来挣钱，孩子也可以有计划地对自己的收支进行合理分配，比如将钱存入银行等。

与其他同类游戏课程不同的是，“小脚踏踏”需要幼儿协同家长对自己一个月的工作、消费、娱乐进行规划，然后将规划书交给老师保管，一个月后协同家长进行反馈审视。家长可以作为志愿者参与到孩子们的活动中来，协助老师观察和指导孩子开展游戏活动，志愿者家长在参与前，需要根据家长课程的学习内容制定观察方案，在活动后要写出被观察幼儿的行为分析报告。

“小脚踏踏”在教学中不断地被完善，现在已应用到各年段的教学活动中，每周开展一次，受到了家长和孩子的普遍喜爱。在大足实幼人看来，游戏是幼儿的工作，而工作是成人的游戏；幼儿在工作中得以成长，成人在游戏中学会探索。

总之，如果学校教育不与家庭教育相结合，将一事无成(顾明远)。但是近些年社会越发重视学校教育，却忽视了家庭教育。教育是学校的事情，也是家庭的事情。没有家庭的参与，没有家校合作，单靠学校是没办法解决教育的根本问题的。而要把家庭教育搞好，家长就应该成为一个教育者。但是，“什么是幼儿教育”，对于这个问题，并非每一位家长都可以给出一个完美的回答。

记得在一次家长课程中，老师提出了这样一个问题：

- **在3~6岁阶段应该教给孩子一些什么东西？**

或者我们来换一种问法：

- **你在接孩子时有没有问过这样的问题：你今天在幼儿园里，老师都教了你些什么？(或是：你今天在幼儿园里都学了些什么？)**

绝大多数家长的回答让我们认识到，传统的家庭教育观念在中国家长的头脑里根深蒂固，要想转变并非旦夕之事。当代家长需要现代教育理念来充实，而大足实幼进行的“项目制家长课程体系改革”正在对这种现代教育理念进行的一种探索和尝试。

(二)教学改革的理论探索

“小脚丫”系列教学改革是大足实幼基于对“小步行走，自在生长”这个办学理念进行的一系列变革传统教学手段和方式的实践探索。这个探索起始于开展幼儿“游戏教学”模式的多元化尝试，在对幼儿的教学革新活动深入开展的时候，她们发现需要相应的家庭教育与之配套，于是，大足实幼人将目光从对幼儿的教学模式的改革延伸到家长课程的教学模式的变革上。尽管有学者质疑项目制课程在理论课程学习方面的有效性，但是国外对项目制在STEM课程教学中的探索给了我们较多的启示。正如有学者所言，对项目制学习的研究越深入，它所给我们展现的魅力就越迷人。大足实幼开展的“项目制家长课程”有以下几方面的教学探索和转变。

1. 注重教学过程由“教师中心”向“学生中心”转变

19世纪末，以美国学者杜威为代表的进步主义教育者，发起了对传统“三中心”(教师、课堂、书本)的挑战，提出了教学要以学生为中心，关注学生在学习上的兴趣和需求。为实现这种学生中心论，他们指出教学要突破“课堂”的传统范畴，学生通过社会活动来学习。然而，对“学生中心”实现的具体教学形式，进步主义教育者只是指出了方向，并未作具体深入的研究，这使得后来许多学校在教学方式上因盲目变革，而带来了许多的问题，最终导致二战后“学生中心”被搁浅。

- **“以学生为中心”是否还需要教师？**
- **“以学生为中心”是否还需要核心课程和学科逻辑？**

在对这些问题的认知和实践上，美国许多由进步主义教育思想主导的学校走向了极端化，这有悖于杜威等人的初衷。其实，自始至终杜威等人都警示要克服活动教学中学生的“随意性”,① “以学生为中心”并非取消教师在教学中的地位和作用，相反，教师在引导和防止学生学习的“随意性”上要发挥比传统课程更为重要的作用。②

大足实幼在项目制教学改革中，坚持在幼儿和家长课程中开展“以学习者为中心”的活动教学，并探寻学习者为中心的现代教学模式，在教学改革的探索中努力做好对以下问题的回答：

- **如何使得项目制课程在教学内容上更加体系化？**
- **教师处于何种地位才能充分保障“以学习者为中心”？**
- **什么形式的项目制活动课程才能充分体现学习者的中心地位？**

坚持“以学习者为中心”就是要让学习者在学习的过程中处于主导性地位，毕竟学习者的兴趣和需求将对学习有效性起着较为重要的作用。大足实幼尝试通过“团讨”(集体研讨的简称，是以班级整体或小组的形式进行有目的的研究、讨论)及“集体活动”“协商、协作”等形式来达到这种活动教学的目的。

2. 注重教学模式由“教”向“学”转变

“以学习者为中心”的转变在教学形式上来说，实际上就是由传统的“教”向“学”为中心的转变。看似一字之差，但是在教学关系上却有着极大差异性。传统的教育以“教”为中心，坚持教师的主导作用，即教师是知识的掌握者和传递者，没有教师的存在“教学行为”也就无从谈起。所以古之有“师者，所以传道、受业、解惑也……惑而不从师，其为惑也，终不解矣。……道之所存，师之所存也”的说法。③韩愈的《师说》清晰地道明了“道”与“师”的依存关系。但是，即便是坚持“教

① [美]约翰·杜威. 我们如何思维[M]. 伍中友，译. 北京：新华出版社，2015：48.

② [美]约翰·杜威. 民主主义与教育[M]. 王承绪，译. 北京：人民教育出版社，2017：18.

③ 韩愈. 师说·古文观止[M]. 吴楚材，等，编. 杭州：浙江教育出版社，2019：318.

师中心”的赫尔巴特也承认学习者在教学过程中的重要作用，“教学是否能正常进行，这取决于教师，同时也取决于学生，教师只有将所讲解的知识与学生的认知结合起来才能达到教学的最大效果……因为教学是以学生的经验为基础的”。① 可见，教学过程中教师只有赢得学生兴趣，才能将教学效果最大化。现代教育学理论认为教学的过程，不仅是教师“教”的过程，更应该是学生“学”的过程，而且任何“教”的最终结果都要以学生“学”的效果来作为教学效果好坏的评价标准。

但是，由“教”向“学”的转变同样不仅是一种理论，更是一种教学实践。如何实现学生有效地“学”，教育研究者们也经过了无数次的探索与尝试，最著名的莫过于以泰勒为代表的进步主义教育者所进行的“八年研究”(Eight-Year Study)，② 该研究奠定了以“学”为中心的教学模式的发展。

“教”的过程是由教师来主导的，学生处于被动接受的地位，教的内容是否能引起学生的兴趣，教学的内容和逻辑是否符合学生的认知水平，这都不得而知。但是“学”的过程则是由学生自己主导，学生可以根据自己的兴趣爱好和认知水平来调整自己的学习进度，从而让学习的效果达到最大化。相对家长而言，年龄、学历、兴趣爱好、知识基础等均存在较大差异性，采用统一的方式和教学内容来对待家长，最终取得的效果极有可能不尽如人意。家长课程的这种性质决定了它必须是以学习者为中心的，毕竟家长来园学习的目的就是为了能够在最短时间内最大限度地获得对幼儿教育的知识与技能，这就使得家长课程的设置具有极强的针对性。

---

① ［德］约翰·弗里德里希·赫尔巴特. 教育学讲授纲要［M］. 李其龙，译. 北京：人民教育出版社，2017：59-60.

② 八年研究(Eight-Year Study)亦称“三十校实验”，是美国进步教育协会1934—1942年在中等教育学校开展的一项调查研究活动，因历时八年，故名。其目的旨在对进步主义学校毕业生和传统学校毕业生在大学的学习情况作对比研究，以了解两种不同类型的课程、教法的优劣。

依据家长课程的特点和大足实幼的办园理念，实幼人采用项目制来改革家长课程体系。因为项目制以任务驱动教学，每次任务的完成均有明确的主题目标，而目标的选定和实施均由学习者来确定。在实施过程中，家长通过观察、团讨、推进、探索、修正、反思，在实践等环节来自主体验、探索、领悟幼儿教育的相关知识和技能，课程的进展速度，节奏完全由学习者自己掌控，教师在项目制学习的全过程中通过参与团讨、小组活动等方式，以建议、探讨的形式给予家长指导和帮助。

这种教学方式以实践活动的形式来开展，以项目任务为驱动，整个项目活动的全过程都由学习者自身来把控、推进，通过“情境学习”来让家长获得自主学习的能力和基本的知识，这是典型的“以学习者为中心”的“学习型”课程。但是在项目实施的全过程中，教师并未被排除在项目活动之外，恰恰相反，教师在项目实施的全过程扮演着极为重要的角色，他们以互动的方式来指导学习者(家长)，这样一来，教师既未过深地干扰学习者的自主思考和实践行为，同时又能及时地将活动拉回而不偏离研究的轨道，保证自主学习内容和逻辑的体系性。杜威也曾表示，“教育就是把被指引的人的主动趋势引导到某一连续的道路”。①这就是“以学习者为中心”中教师与学习者之间的关系，以及“学”的逻辑。

二、实践价值

(一)将家长课程与幼儿课程统一起来

课程的体系化一直是课程开发的根本，而体系化则要求课程目标的一致性，尤其是在当前生活碎片化，人们的学习日益碎片化的今天，课

① ［美］约翰·杜威．民主主义与教育［M］．王承绪，译．北京：人民教育出版社，2017：30.

程学习的体系化显得更为重要。

在许多学校看来，家长课程和幼儿课程是两条不同路径的课程：幼儿课程教会孩子如何学习知识，培养自我学习的能力；家长课程则让家长掌握育儿的相关知识和技能。在大足实幼看来，无论是在教学内容上还是在教学方式上二者都是并行不悖的，是统一的。

首先，就教学内容而言，在国家倡导幼儿园“去小学化”的今天，办园理念就成为幼儿园的主导，教学内容是围绕办园理念展开的。大足实幼的教育理念是“小步行走，自在生长”，自在生长既是指尊重身心发展规律，让孩子自然地生长，切勿急功近利、拔苗助长；同时，在孩子成长的过程中，学会自主学习，促使今后能够更好地生长。这个理念既主导了大足实幼对孩子们的课程教学，也主导了家长课程体系的内容建构。

其次，就教学方式而言，大足实幼为了培养孩子的自主学习能力和创新思维能力，采用了“以幼儿为中心”的项目制活动课程，通过实践活动让幼儿在创设的“情境”中学会学习；后来将这种课程形式延伸至家长课程的学习中，“以家长为中心”，通过家长自由创设“情境”，在情境中感受幼儿教育，从而探索育儿知识和技能。

总之，在教改实践中，大足实幼不断探索将家长课程与幼儿课程相结合的教学模式，让二者统一于幼儿园的办学理念之中，最终达成家园协同育儿，让家庭教育与幼儿园教育同向同行。

(二)让教育变得更加有效

家长学校的课程与其他学校教学课程之间最大的不同就在于家长课程更加注重实用性和实效性。家长参加学校教学的首要目的便是学会养育孩子，然而作为非常规性学校而言，家长学习的时间较短，投入精力相对较少。如何在有限的时间内，尽可能多地传递可行的育儿知识，尽可能快地掌握并运用育儿技巧是家长学校开展教学的最大问题。

大足实幼的“项目制家长课程”依托项目活动来开展课程教学，即课程目标的达成是通过项目任务的完成来实现的。她们提出了“四会家长”①目标，建构了破冰、回归、跟随、陪伴四个培养阶段，每个阶段的项目活动都是开放性的。无论是项目主题的选定、探寻问题的发现、项目活动的设计，还是资源的准备、项目的实施等所有环节均由家长(或家长小组)自主完成。也就是说，项目的全过程贯穿着交互体验、自主探索、对比分析等方式，这让对育儿知识的获取、育儿技能的训练更加有效。

(三)让每个家长都成为教育者

传统家长学校的开设是为了建起一座沟通家长和幼儿园之间的桥梁，并通过家长学校向家长传达幼儿园对孩子的培养情况，最后再通过一些育儿知识的教学提升家长的一些基本素养。从根本上说，这样做是为了家长能够更好地理解并配合幼儿园对孩子的教育活动。幼儿园与家庭、教师与家长之间是一种主从关系，家庭和家长处于配合地位。

在大足实幼看来，这种家园关系并不和谐，甚至还颠倒了两者之间的关系。尽管就职能而言，幼儿园是从事幼儿教育的专设机构，肩负着幼儿教育的社会职能。但是从受教育的主体来看，3~6岁的幼儿对父母的依恋度远高于教师，而父母对其的影响力也比教师大得多。由此可见，相比教师而言，家长更应该成为这一阶段幼儿教育的主体。因此，大足实幼提出，家长学校应该以培养合格的家庭教育者为目标，让每一位家长都成为教育者。但是“让家长成为教育者”并非一句简单的话语，需付出扎实的行动，赫尔巴特就曾指出：“家庭教育的先决条件是：在家庭要获得正确的教育学观念，不能让古怪的念头或一知半解来替代这

① “四会家长”，即通过家长学校的学习后，家长能够实现“会玩、会教、会养、会学”的四大目标。

种观念。”①对此，大足实幼认为，家长学校需要建构更为系统、规范的家长课程以便家长成长为合格的家庭教育者，能够在常规性教学中协同幼儿园一起对孩子进行科学的教育。

大足实幼的“项目制家长课程体系改革”不仅要求在课程设置上找到创新模式，也尝试从理念上转变家长对孩子教育的传统思维。“小步行走，自在生长”不仅是大足实幼的一句口号，更是支撑实幼人兴办现代幼儿教育的一种理念、一种决心。

第三节　几组核心概念

一、小步行走，自在生长

作为未来的希望，0~6 岁儿童该如何进行教育，自古至今一直都是困扰教育者的核心问题。作为降临到这个世界，开始生命的第一个阶段的幼童，如何学习以便为后面的发展奠定坚实的基础，这的确是值得教育者们慎重思考的重要问题。

当然，人们都希望充分利用而不浪费存在于这个世间的每一个时间节点，简言之，就是人在每个阶段都能有效地学习和接受教育。但是，格塞尔在其著名的“双生子爬梯子实验”中告诉教育者，过早地进行教育与迟滞的教育对孩子的发育都是同样无效的。对人的教育不能依照主观意愿任意而为，唯有遵循身心发展的规律才能实现人的有效教育。正因为如此，卢梭提出了教育应遵循自然法则的观念，一味地随性干涉，只会让教育变得更加糟糕。他在《爱弥儿》开篇写道：“出自造物主之手

① ［德］约翰·弗里德里希·赫尔巴特. 教育学讲授纲要［M］. 李其龙，译. 北京：人民教育出版社，2017：173.

的东西，都是好的，而一旦到了人的手里，就全变坏了。”①因此在大足实幼看来，让孩子稳健地走好每一步是作为幼儿园教育工作者的重要责任和目标。基于这种对幼儿教育责任和目标的执着追求，在长期的办学实践与探索中，大足实幼提出以“这是我的一小步”为核心表达，并基于这个核心表达逐步形成“小步行走，自在生长”的办学理念；树立“心有爱，行有矩，眼有光”的育人目标；尝试开发“小脚丫”系列课程，以构建一套具有大足实幼教育特色的文化理念体系，打造符合幼儿教育规律、引领幼儿健康成长的优质教育。

（一）核心表达：这是我的一小步

“你试过一小步的走法吗？”

“那是什么？”

“把脚抬起来，然后踩下去，然后换脚，再来一次。”

“一小步，一小步，直到……”

——图画书《小步走路》

1. “这是我的一小步”——以丰富的内涵表达美好愿景

1969 年 7 月 20 日，阿姆斯特朗搭乘的鹰号着陆舱降落在月球表面。当他踏上月球表面时，他说：“这是我个人的一小步，却是人类的一大步。”这看似普通的一小步，却是不平凡的一大进步。与登月、航天无异，任何开创性的事业都是在勇敢尝试与坚持中不断积累进步的。教育更是如此，与登月一样，是一步一步走出来的。而每一步的认真，每一步的专注，都是让人类文明前进一大步的基础。

幼儿园教育影响着孩子的智力开发、人格与习惯的养成，决定着孩子人际交往与沟通机制的形成。可以说，幼儿园教育事业称得上是影响人一生发展的大事业。在 99 年的办园历程中，大足实幼的办园

① ［法］让·雅克·卢梭. 爱弥儿［M］. 李平沤，译. 北京：商务印书馆，1996：5.

理念虽然随着幼儿园的发展几经变更，但尊重孩子的发展，办优质幼儿教育的初心却一直在坚持。自办园之日起，她们便意识到幼儿教育的独特性、重要性。幼儿阶段不仅是人生命的起点，也是启蒙教育的源泉。

幼儿园教育是“情境教育”，需要不断创设孩子稳步成长的环境。《吕氏春秋·君守》曾言：“不教之教，无言之诏。”这就是说，教育不是说教出来的，它是一种日积月累的沉淀，是耳濡目染一步步养成的。幼儿教育更是需要在生活、游戏中自然地得到渗透、浸润，从而提升幼儿的认知能力，培养幼儿的个性品质。泰戈尔说，人是一个初生的孩子，他的力量就是生长的力量。“生长的力量”是什么？是无论环境，奋勇突破的力量；是依附大地，孜孜汲取的力量；是迎向阳光，顽强攀登的力量；总之，是一步一步不断向上的力量。

大足实幼始终坚持从幼儿世界的既有内涵出发，引导他们去逐步认识、体验、发现外在的成人世界，而非将成人世界简单、粗暴地输入到幼儿心里；坚持防范幼儿教育事业的功利化、浮躁化倾向，反对以规范、高效的机械流程替代独特、温暖的生命关怀。她们始终奉行“爱的教育”，帮助孩子认识到“小步向前，终会到达”“我现在的一小步，是将来的一大步”“这是我的一小步，不是你的一小步”的信心和“小步行走”的快乐自在，及“我是孩子，就该小步行走”的自然。“这是我的一小步”是不争朝夕，陪伴孩子一起慢慢成长的从容淡定；是由浅至深、循循善诱、尊重孩子身心发展的自然之意；是崇尚和谐，回归孩子生命底线的本真愿望。

2.“这是我的一小步”——以生动的形象表达教育主张

在幼儿园里，最动人的情景，就是看见孩子从蹒跚到坚定的每一小步。正如大足实幼的发展历程，是在长达一个世纪的丰富的办学实践中，用智慧与爱的姿态稳打稳扎、一步一个脚印地踏实前行。

首先，“这是我的一小步”，是带着智慧与爱前进的一小步。

爱是教育之本，教育需要爱心，但更需要智慧。“这是我的一小步”，体现在办学实际中，就是以爱的初心、智慧的方法，与孩子、家长、社会一同前行的每一小步。

其次，“这是我的一小步”，是在教学活动中前进的一小步。

苏联教育学家苏霍姆林斯基曾说：“教育的全部奥秘就在于如何爱儿童。”大足实幼注重建设“有质有爱”的教学体系，化“有声”为“无声”，用活动走进幼儿的心灵。大足实幼积极为孩子创设自由发展的、有序的、愉快的、生机勃勃的“情境”，注重课程的园本化、多元化、生活化，切实做到以“游戏”为中心开展项目制教学，让幼儿真正成为活动的主人。

再次，“这是我的一小步”，是在教育管理中前进的一小步。

在教育管理过程中，大足实幼注重“精细”与“融合”并重，“科学理性”与“人文关怀”相结合，强调管理中的“研究过程”，关注、研究教育的每个瞬间。大足实幼以科研促成长，倡导争做科研型教师；坚持开发园本课程，挖掘丰富的本土资源；不断创新保教活动，增强活动的科学性；探索新理念，带动优质幼儿教育发展。好的研究是优化决策的基础，大足实幼带着爱与智慧，变“教学型”为“研究型”幼儿园，在优化进步的道路上越走越远。

最后，“这是我的一小步”，是家园合作中前进的一小步。

在家长工作、家园合作中，大足实幼与家长真诚沟通，开发家长课程、开辟家长论坛，鼓励家长以志愿者的身份进园担任助教、助研等，以协同家园共育。

为改变通过家委会、家长会、专题讲座等家长课程形式收效甚微的现状，结合、借鉴幼儿项目制学习的模式，大足实幼改革家长课程教学，开发、实施项目制家长课程，通过实践活动课程，推动家长课程由“教”向“学”的转变，强化家长的参与性、体验性，培养家长学习的自主性、探索性，通过体验并理解幼儿园的办园理念，让家长成长为合格的家庭教育者，深化家长对幼儿教育的主动性和与幼儿园工作开展的协同性。

（二）办学理念：小步行走，自在生长

小朋友，愿你像一朵野花一样，在阳光下自由地生长。

——冰心

每个孩子都有自己的成长节奏，在孩子的世界里，一切都是自由自在、无拘无束的。大足实幼倡导“自然教育”，提出“小步行走，自在生长”的办学理念；对孩子而言，幼儿园希望孩子能够像植物一样坚定、自然地成长；对家长和教师而言，幼儿园希望家长和老师能够尊重孩子的成长规律，帮助孩子循序渐进地长大成人。

1. “小步行走，自在生长”践行幼儿园独特的儿童观

大足实幼认为，孩子的存在是天然的、个体的、完整的，正如《庄子·天运》所言：“夫鹄不日浴而白，乌不日黔而黑。”大意就是：黑和白皆是乌鸦与天鹅为了适应各自生存需要而设的，是它们的天性，孰优孰劣，不宜妄下价值判断，应敞开心灵，任其自然适性发展才是正途。

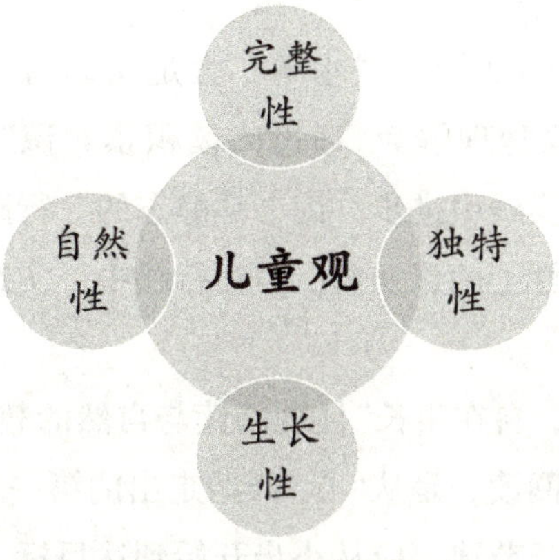

图 1-1　儿童成长特性

每个孩子都是独一无二的个体，都有自己的性格特质、天赋才干、成长速度和学习方式。孩子的发展是生长性的。孩子的生长来自身边的万物，来自周边多元环境的刺激，比如园中的一朵小花，它在阳光下摇曳着的绿叶和紫色的花，会给孩子唱一首来自草原的歌，就这样，孩子会看见一片草原。孩子是天生的学习者，他们积极主动，能通过自己的方式感知、体验、了解、参与世界，他们以完整的眼光去认知、以复合的经验去收获。因此，“小步行走，自在生长”，就是以这样的儿童观去解读儿童，去陪伴成长。

2. “小步行走，自在生长”符合幼儿园知行合一的教育理念

“小步行走，自在生长”是大足实幼对“读万卷书，行万里路”这两个学习方式的生动回应。早在明朝，画家董其昌就在他的画论《画禅室随笔》(第二卷)中质问道：“不行万里路，不读万卷书，欲作画祖，其可得乎?”其中就强调了读书、“行路”与发展的关系：二者共同促进人的认识，这里面也包含了“知行合一”的教育思想。而这与人民教育家陶行知提出的“生活教育理论”和幼儿教育之父陈鹤琴的“活教育理论”相吻合，“生活教育理论”强调要在“做中学”，“活教育理论”强调“大自然、大社会是活教材”，这两种教育理论都主张教育要接触大自然和大社会。

基于学前儿童的认知发展水平，大足实幼将“读万卷书，行万里路”中的“读书”广义地理解为“通过阅读积累知识”，“行路”则意味着在自然中探寻、在实践中进步。读书是静态的，行路是动态的，人在书中获得了理论与理性上的认知后，需在行路中、实践中补充与升华对世界的认识。

3. “小步行走，自在生长”体现阅读与自然的教育实践

首先，图画书阅读，是从“心”开始走出的第一步。

按照儿童的成长节律，应从小步开始到达目标，慢慢积累孩子的语言、想象、思维、情感、社会化及审美能力。皮亚杰提出儿童认知发展的“四阶段发展理论”，认为 2~7 岁的孩子认知思维表现在模仿、想象

与游戏中。学龄前儿童是生命最初的状态，他们简单而纯粹，他们的思维和想象力没有受到任何束缚，他们眼中的世界灵动丰富，图画书阅读则为孩子们的想象力添上翅膀，激发他们探索的兴趣，释放天马行空的天性。

“图画书”主要是指以图画为主、没有或少有文字、拥有故事情节的读物。中外学者通过研究，证明图画书对于幼儿成长具有不可替代的积极作用。大足实幼把图画书阅读教育作为全园重要工作，不仅引导孩子读什么，更指导孩子怎么读。她们通过充分考虑幼儿身心发展的特点和接受能力，考虑幼儿的需要、兴趣及原有的生活经验，考虑每个幼儿在认知、思维和情感等方面的发展水平，在图画书教育上“因材施教”；该园倡导实施“相互教学法”（即结合预测、提问、澄清以及摘要等四种阅读策略，发展出的一套有系统、整体性的教学），让幼儿在图画书阅读中从“被动提问者”逐渐转变为“主动提问者”与“回应者”；该园还以“图画书教学”为基础，组织“表演”“绘画”“手工”“演唱”等教学活动，让孩子们演一演、画一画、做一做、唱一唱，深化他们对自己身体与情绪的认识，孩子们呈现出更多合作、分享、遵守规则的行为，萌发出对生命与环境的喜爱与关怀。

其次，自然教育，是与万物共生长的自在脚步。

卢梭认为，远离了喧嚣的城市社会，“归于自然”的教育才能很好地保持人的天性。孩子是充满灵性的，他们天生喜爱亲近大自然。在蕴含着丰富且生动信息的神秘自然中，孩子们看到花草虫鸟，看到叶荣叶枯，看到日月星辰，看到一个个充满“神密”的故事正在发生……此刻，孩子就是自然的组成部分。

该园一直践行自然教育的理念，以课程或活动为载体，把学习的场域进行延伸拓展。以感官教育作为方法基础，让幼儿去观察、体验、采集、整理，最终在自然中获得启发。其中，“小脚丫 走大足”行走课程，带着幼儿由近及远、由浅入深，走进家乡、走进自然，已经成为该园独特的育人风景。

大足实幼努力为孩子创设自然的成长环境。园内园外，以丰富的自然种植营造生态环境，以多元的课程设计给孩子体验的机会。在任何学习环境中，她们都提供给幼儿足够的自由，让生命与自然建立连接，从而认识自己，对话世界。

自然教育理论认为，自然环境能让人变得平静、专注，并且具有敏锐感，还能从一定程度上调节情绪，促进身心健康发展。大足实幼时常在孩子身上发现，当幼儿身心发展都处在一种最放松的状态时、情感舒畅时，就是学习最旺盛之时，也是价值建立的契机。因此，大足实幼的责任就是去帮助幼儿在认识自己、认识自然的过程中，逐步懂得关心与帮助他人，与同伴和谐相处，对大自然保持感恩与热爱。

“小步行走，自在生长”本身就映射着自然教育的理念。自然与生命教育，是放孩子到自然里去，让孩子与自然同步生长，在自然中探索学习，进而形成乐观、热情、坚毅的美好品格。同时，自然教育的理念也促使该园在教学设计时，注重发展幼儿的这份“天性”，尊重孩子的“内在自然”，以实现内外和谐统一的教育目标。

二、项目制课程(PBC)

项目制课程(Project-Based Curriculum)是基于“项目制学习”而开发的开放式活动课程。项目制学习有着悠久的历史传统，可以追溯至19世纪乃至弗兰西斯·W. 帕克(Francis W. Parker)和约翰·杜威年代。而最早将“项目”作为一种教学方法引入教育领域中的则是杜威的学生——威廉·赫德·克伯屈(Willam Heard Kilpatrick)。在《项目方法》(*The Project Method*)一文中他说：“很可能，项目一词还是首次在教育学词汇中亮相，等待着被接纳。”①

---

① Kilpatrick W H. The Project Method[J]. *Teacher College Record*, 1918(19): 319-335.

(一)项目制及其特征

1. 作为"学习者为中心"的项目

受杜威的影响，克伯屈的"项目制"教育思想中渗透着实用主义和体验性学习的逻辑。① 在他看来，学校不是为生活而设立的，学校本身就是生活。"基于有目的行动的教育，是对生活最好的准备，同时它也是目前的生活本身。"②因此克伯屈把项目定义为"热情且有目的的行动"。"目的"预先假定了行动的自由，不可受人干涉。但是，如果目的已经消亡，教师依然要求学生完成那些已经开展的活动，那么这个项目就变成了一个任务，仅仅是一个差事和苦力活，因此，克伯屈将学生动力作为项目方法最关键的特征，不管孩子做什么，只要是有目的地进行，它就是一个项目。③ 显而易见，这里的项目是基于"学习者为中心"的，项目就是因学习者感兴趣而形成的有目的的开放性实践活动。这显然渗透着杜威"儿童中心"和"活动中心"的思想。

2. 项目中教师的指导性作用

"学习者为中心"是项目的核心，但这也成为项目制的"阿喀琉斯之踵"，受到了来自各方的攻击。人们认为，在项目的活动过程中教师被转移了出来，这会带来项目的放任自流，甚至杜威本人也不无顾虑，认为教师已经抛弃了他们在教育中的正确地位："研究年轻人的倾向是教师的责任，教师做到这一点之后，才能使自己比学生更清楚学生的状态，因而有能力知道学生的所想所需。"D. 坦纳和 L. N. 坦纳(D. Tanner & L. N. Tanner)担心，单方的、只是根据学习者兴趣和感觉来确定的项

① Cremin L A. The Transformation of the School: Progressivism in American Education, 1876-1957[M]. New York, NY: Knopf, 1961: 220.

② Kilpatrick W H. The Project Method[J]. *Teacher College Record*, 1918(19): 319-335.

③ Knoll M. The Project Method: Its Vocational Education Origin and International Development[J]. *Journal of Industrial Teacher Education*, 1997, 34(3): 51.

目，凭借学习者的自发性探索，会让教学产生荒唐的结果。[1] 对此，道格拉斯(Douglass)在强调学习者的兴趣和目的在项目制课程开发中的重要性的同时，也提出不能忽视教师在整个过程中的作用。他认为，项目“在仅仅是学习者有了目的的情况下，计划和执行项目的程序可能会好，也可能不会好，这就取决于要完成的项目和后来程序的本质”。[2] 因为“学生选择一个项目，通常选择那些吸引他们注意力的项目，他们对这些项目有极大的兴趣。然后，教师提供信息，没有跟随课本中的所谓逻辑发展，而是紧跟着学生思维的趋势”，[3] 这势必带来课程体系的偶发性，而“重大的任务不能留给偶然的机遇——来自学生的偶然性自发兴趣的明显症状——不能依靠这种偶然的机遇来解决建设课程的重任”。[4] 因此，教师要在计划和协助学生选择和管理项目方面发挥重要作用。

3. 作为行动计划的项目

不言而喻，学者们并非反对项目制课程本身，而是表述了对因过分强调“学习者为中心”引发的学习者兴趣激发与能力培养之间悖论的担忧。换言之，一味地强调学习者的兴趣、动力，忽视了学习者能力培养的重要性，这并非课程教学的真正目标，也非社会所需。杜威的“新三中心”就意在让学习者在实践活动中得以发展、成长，获得社会适应性能力。促成学生成长的最大化是课程教学的目的，也是一个重要而困难

---

① Tanner D, Tanner L N. *Curriculum Development* [M]. New York, NY: Macmillan Publishing, 1980: 295.

② Douglass H R. *Modern Methods in High School Teaching*[M]. Cambridge, MA: Houghton Mifflin, 1926: 19.

③ Von Hofe. The Development of a Project[J]. *Teachers College Record*, 1916(17): 240-246.

④ Rugg H, Shumaker A. *The Child-centered School*[M]. New York, NY: World Book, 1928: 118.

的问题。① 这需要依据知识(包括理论性知识和技能性知识)的内在逻辑性，严密计划合理安排，最终使得学习效用最大化。帕克(Parker)将项目看做由学习者计划的实践活动单元，② 对行动的兴趣和计划都应该成为项目的核心。

4. 作为问题导向的项目

兴趣有很大一部分缘自对好奇心的满足，缘自人们对未知领域的探索，这就不可避免地会在学习者心中涌现出许多问题，项目往往伴随问题而出现。正如弗里兰(Freeland)所言，项目是学生有兴趣做的某件事情，它可能会激发学生的思维，但学生不必一定要取得成果……如果项目设计很多的思考点，可能会包含一些问题。项目中涵盖的良性问题越多，就越有利于达到教育的目的。③ 人们并不怀疑运用项目教学对具象问题的解决，但是是否能对抽象问题发挥作用，学者们还是提出了不同意见。

鲁迪格(Ruediger)认为："从项目方法的本意来看，这种方法不适合学术学科的教学，它弄出了一系列有趣却令人糊涂的发展，它参照的是实现教学目标而使用生产性的教学活动……生产出具有客观重要性的东西。可以通过开展某些稍作限定的真正的职业活动，来达到教育的目标。但是在从事学术学科教学时，实践项目并不是那么容易的。"④但是，近10年的研究表明，有关学习和学习环境对学习者的影响的研究有所增扩，一定程度上探寻了项目制在学术学科教学中的教育学和心理

---

① Rugg H, Shumaker A. *The Child-centered School*[M]. New York, NY: World Book, 1928: 118.

② Parker S C. Project Teaching: Pupils Planning Practical Activities[J]. *The Elementary School Journal*, 1922(1): 335-345.

③ Freeland G E. *Modern Elementary School Practice*[M]. New York, NY: Macmillan, 1922: 7, 45.

④ Ruediger W C. Project Tangentials[J]. *Educational Review*, 1923, 65(4): 243-246.

学原则，基于项目的STEM学习证明了它的可能性。①

5. 处于真实情境中的项目

在杜威看来，教育的中心目标是帮助学生使其生活中充满有价值的经验，而这些经验是通过学习者与其周围环境中的事物、情境和实践之间不断交互而产生的，即教育需要让学生参与到真实情境中来思考和处理问题。② 克伯屈追随杜威的思想开发项目制课程，其目的就是要将学习者浸润在接近现实的教学环境中，以培养未来生活所需的技能和知识。在他看来，项目制课程是真正的“做中学”。因此，设置情境是项目制课程开展的基本前提。

综上所述，尽管各位学者并未给出明确的项目制课程的定义，但都从各自的视角表述了对项目制课程的思考，综合起来，项目制课程的特征就相对比较清晰了。托马斯（Thomas）也给出了项目制课程的五个特征：

- 项目位于课程的中心而非边缘。即项目是主要的教学策略，学习者通过接触项目学习相关学科知识。
- 项目关注那些引导学习者接触学科中心概念和原理的问题。即在选择项目时，必须考虑项目活动与需要掌握的概念之间的关联。
- 项目必须能够让学习者参与建设性的调查。即项目的中心活动必须能够实现学习者知识的转化和构建。
- 项目是以学习者为主导的。即不是以教师为中心，教师的职责不是指挥和管理学习者学习，而是扮演指导者和咨询顾问的角色。项目赋予学生更多的自主权、选择权。
- 项目是真实性的，而非学术性的。即项目关注真实的问题，给

---

① ［美］罗伯特·M. 卡普拉罗，等. 基于项目的STEM学习——一种整合科学、技术、工程和数学的学习方式[M]. 王雪华，屈梅，译. 上海：上海科技教育出版社，2018：24.

② 刘广平，等. 境外基于项目式学习的教学模式研究述评[J]. 高等建筑教育，2014(4)：45.

学习者一种真实的感觉，而且解决方案具有可实施的潜力。①

（二）大足实幼的“项目制课程”

大足实幼的“项目制课程”是基于“游戏活动”的探究式情境学习课程。课程以情境学习理论为基础，通过教师和学习者共同参与的游戏（或游戏系列）活动，来培养学习者的探索精神和能力，并获得相应的知识和技能。

项目制课程的开发，最初缘自大足实幼对幼儿培养的“自在生长”的理想追求，故而课程的设计遵循3~6岁儿童的认知形成过程，通过团讨和体验的方式来学习和获得知识与技能，后来拓展到大足实幼的家长课程改革。

大足实幼项目制家长课程体系的核心特征包括：

（1）坚持“学习者为中心”、学习者参与的原则。“自在生长”的核心要义就是尊重学习者，“自由”发展。这就需要课程体系由以“教”为中心向以“学”为中心的转变，学习者将在整个课程学习中发挥主体性作用。

（2）“情境学习”在项目制课程中发挥主导性作用。“情境”是自主学习发生的前置性条件，沉浸于“情境”中，学习者可以开展体验、观察、协同、交互、探究等学习行为，达成学习目标。

（3）必要的团讨和计划是项目有效实施的保障。“团讨”是在充分尊重和发挥个体意愿的基础上，避免因个体型思想的不足而予以纠偏；“计划”则保证了项目的开展不偏离研究的初衷。

（4）围绕“活动中心”开展课程。活动是幼儿园项目制课程教学的重要方式，对3~6岁儿童来说，游戏活动是最好的教学手段。在大足实幼看来，家长只有走进孩子的活动，通过活动才能了解孩子的心理和认

---

① 刘广平，等. 境外基于项目式学习的教学模式研究述评[J]. 高等建筑教育，2014(4)：45.

知发展特征，在活动的互动性行为中开展对孩子的教育。对此，项目制家长课程围绕“活动中心”开展课程就是将家长置于幼儿教育的现实情境之中进行学习。

(5)发挥教师在项目制课程中的指导性作用。是否需要教师参与“学生中心”的课程，或者在多大程度上参与，一直以来都是项目制课程争议的焦点。其实包括杜威本人在内，一直都并未将教师排除在课程中心之外，在他看来教师是避免学习者的随意性和知识无序性的重要因素。

总之，大足实幼的“项目制家长课程”是在“幼儿项目制学习”基础上探索研发的，是幼儿园“小脚丫”系列教学改革的重要组成内容。在家长课程中采用与幼儿相同序列的教学模式，是为了让家长感受并理解0~3岁儿童的学习视角和学习方式，从而能够更好地向儿童回归，最终实现陪伴孩子“自在生长”目的。

第二章　大足实幼家长课程的前世今生

第一节　萌芽期

一、开始重视家园配合工作

(一)领悟《纲要》中“家园协同”的要求

1. 成立“践行《纲要》先导组”

2001年7月2日，教育部颁发了《幼儿园教育指导纲要》(试行)(以下简称《纲要》)。《纲要》明确了家长工作是幼儿园工作的重要组成部分，是幼儿园完成教育任务、提升教育质量不容忽视的一项工作；同时明确了家庭和幼儿园的关系、家园共育的原则、幼儿园的家长工作方式方法及在家园共育中幼儿园的主导地位。全国各地幼儿园掀起了学习《纲要》的热潮。大足实幼是贯彻《纲要》的第三批试点幼儿园，成立了“践行《纲要》先导组”，将家长工作纳入幼儿园工作的组成部分。

2. 逐渐重视保教知识宣传

《纲要》指出幼儿园应向家长宣传科学保育、教育幼儿的知识。大足实幼各班级设置了“家园联系栏”，张贴科学育儿知识和幼儿园工作计划、幼儿一周学习计划等。教师利用入、离园时间，和家长交流幼儿的在园表现；在每学期期末，举行汇报活动，邀请家长入园观看；向家长发放幼儿在园学习情况记录表以评价幼儿的能力发展状况；在学习园本课程时，倡导家长带领幼儿参观龙水小五金、大足的千手观音等。

☞**小案例：**

为了让孩子们深入感受大足石刻文化，大足实幼开展了“陪同孩子走进大足宝顶石刻”的活动。

活动方式：教师邀请家长陪同孩子参观宝顶石刻，感受石刻文化。活动中采用近距离观看、听导游解说、实地写生、肢体模仿等方式进行。最后，教师带领家长和孩子们一起讨论活动的意义。

在参观千手观音时，近距离站在千手观音造像前的家长和孩子们立刻被千手观音恢弘的气势给震撼了，此时教师引导孩子和家长观察并思考：

- 何为千手观音；
- 千手观音是怎样的形态；
- 她的一千多只手里都拿着什么，仿佛是在干什么；
- 每只手及其所握物件代表着怎样的寓意等。

经过一番激烈的讨论之后，家长和孩子们分小组表达了自己的所感、所想、所悟。研讨过后，老师邀请导游作为评委对大家的讨论作了“专业评判”，并给大家讲解中国的观音文化。

参观中，老师倡议进行实地写生，孩子们在家长的帮助下从自己的视角，用稚嫩的笔触将眼前的千手观音描绘了下来。最后，孩子和家长分组用肢体动作表现千手观音形象。

教师在组织亲子实地参观中，调动了家长和孩子认识千手观音的兴趣，同时也让家长体验到引导孩子认识新事物时可采用实地观察、感受、共同探讨、听取专业讲解等多种形式开展对幼儿的教育。

总之，大足实幼通过各种途径，让家长走进幼教，向家长宣传科学幼教。

3. 初步建立与家庭的合作伙伴关系

幼儿园开始重视与家庭的合作，争取家庭资源，为幼儿的发展创造良好条件。比如，请家长帮助提供植物角、养殖角的动植物，供幼儿观察。一个班的家长为幼儿捉来了泥鳅，供幼儿触摸，让幼儿感受“光滑”。请相关家庭为幼儿园提供废旧物品，用于制作幼儿的区角材料。在冬季运动会上，请家长为幼儿织毛衣，统一服装。通过这些配合事项，幼儿园改掉园方“单打独斗”的做法，逐渐争取到家长的理解、支持和主动参与，使家庭和幼儿园共同担负教育幼儿的任务。

(二)查找家长工作中存在的问题

1. 家园沟通流于形式

大足实幼在践行《纲要》中反思家长工作后发现：幼儿园的家长会多停留在事务的通告上，幼儿园的亲子活动与家长的互动性不强。家长对活动的目的、意义及在活动中的角色定位不清楚，仅仅停留在参与活动本身。教师多是利用QQ、电话联系家长，家长并未真正走进幼儿园课程。家园之间缺乏深层次的交流。

2. 存在较严重的家、园教育“两张皮”现象

大足实幼通过访谈发现，部分家长不重视孩子幼儿期的教育，认为孩子年龄还小，不用管他(她)。“游戏为基本”“环境育人”“活动育人”等基本的幼儿教育理念在家庭里得不到落实，使得幼儿在家、在园受到的教育不一致。在幼儿园获得的经验回到家后得不到巩固，在幼儿园养成的习惯，回家后变成“5+2=0”。家园配合的事项，家长完成效果较差。

3. 家长不愿意积极配合幼儿园

在日常保教工作中，幼儿园常常需要家长的配合，特别是幼儿园的课程，因为幼儿是在游戏、操作、体验中学习的，所以需要家长和幼儿一起走进生活，走进社会，走进幼儿园的学习活动，需要家长搜集提供学习材料，丰富幼儿的活动，亲自参与幼儿园环境的创设和其他亲子活动等。面对这些配合事项，有的家长认为是幼儿园想节约经费，有的家长认为是老师偷懒，有的认为"搞那么多名堂，给家长布置那么多作业，纯属折磨人"，出现家长不积极支持、配合的问题。

4. 幼儿园未给予家长系统的科学育儿学习培训

家长育儿知识的匮乏，导致幼儿家庭教育存在诸多问题。这些问题，是因为家长不了解幼儿的年龄特征和幼儿的身心发展规律，不懂得科学的教养方式和方法导致的。通过与家长广泛交流，大足实幼了解到：有的家长想把孩子教好，但不懂得该怎么教；有的家长想学教育孩子的方法，但不知从哪里学起，在哪里学？有的家长从网上、书上零零散散学了一些，但却学得不系统，或者缺乏学习针对性。由此可见，大足实幼在引领家长系统学习科学育儿知识方面的主导作用明显不够。

（三）发现家长教育上的误区

1. 包办代替型

这一类家长往往追求完美，容不得孩子犯错。他们把自己摆在强大的、正确的位置，而把孩子放在弱小的、错误的位置。当看到孩子出现问题时，总是越俎代庖，忍不住插手，帮助其快速解决，不给予孩子尝试的机会。他们一厢情愿地认为，孩子年龄小，不具备解决问题的能力，处处对孩子过分照料。

2. 过度保护型

这一类家长的主要表现就是溺爱孩子。家长把孩子在家庭中的地位置于最高等，在自己心中的地位置于最重要，认为自己童年吃过苦，绝对不让孩子再吃苦。或者因为自己陪伴孩子太少，于是采用物质来弥补。他们让孩子处处享受特殊待遇，让孩子拥有优先权、独享权。物质方面轻易满足，无节制地满足；孩子犯错时，当面袒护，庇护孩子；生活习惯方面迁就孩子的懒散，不让其参与劳动；当孩子摔倒时，立刻就把孩子抱起来，妨碍孩子试图做出独立行动的任何努力。

3. 粗暴专制型

这一类家长过度相信自己的权威，对孩子的教养简单粗暴，在理性控制方面较差，强制性较多，往往用斥责、打骂、惩罚等简单粗暴的方式对待孩子，信奉“黄荆棍下出好人”“不打不成器”“棍棒之下出孝子”。不重视孩子的情感需求，要求孩子凡事都要遵循自己制定的方案进行，孩子要绝对服从家长，否则就会受到严厉的惩罚。

4. 拔苗助长型

这一类型家长望子成龙心切，信奉“教育至上”，不让孩子输在起跑线上。他们对孩子的未来充满了焦虑，总是提前向孩子描述今后的社会生活，替代孩子思考未来的生活。他们往往具有强烈的功利心，将孩子的发展目标集中在升学需要的几项“关键指标”上，让孩子“超前学习”，表现出家庭教育的小学化。教育内容方面，注重教孩子一些小学的知识，如拼音、数学、写字、英语；教育形式方面，常用机械、枯燥的方式训练孩子读写技能；教育环境方面，为孩子制定小学化的“课程表”；评价维度方面，以孩子的识字数量、计算能力、书写能力等作为孩子是否聪明能干的标准。

5. 忽视、放任型

“忽视者”信奉“儿孙自有儿孙福”，忽视孩子的需求，认为自己做什么都是为孩子好；忽视孩子的情绪，认为“孩子都是哭着长大的”；忽视孩子的行为，缺乏对孩子积极的回应和互动。“放任者”是将“放养”“散养”的真正内涵等同于放任自流，其对孩子的放任散养行为，主要来源于其心理上的无能感，或者责任感的缺乏，或者思想上错误理解“无为”的实质。不管是主观放任型家长还是客观放任型家长，都表现出对孩子成长的不管不顾，对孩子的行为缺少必要的要求和控制，尤其是对孩子错误的行为不加以制止和纠正、引导。

二、重塑家长工作理念

（一）定义“在前型家长”

对以上存在育儿观念误区的家长，大足实幼统称其为“在前型家长”。“在前型家长”的共性表现为：

- 对孩子实施超前教育，为孩子提前规划未来。
- 代替孩子思考，凡事提前为孩子考虑“周全”。
- 提前“奉上”自己的经验，忽视孩子自主获得经验的过程。
- 凡事挡在孩子前面，剥夺孩子面对困难和解决问题的机会。
- 用自己以前的成长经验，解决孩子现在面临的成长问题。

“在前型家长”虽受文化素质、社会地位、职业能力、社会交往能力的影响，但对其影响最深的是中国传统的育儿观念。这些家长，有的是受其父母教育方式的影响，父母怎么教育他，他就怎么沿用父母的教育方式来教育孩子；有的是受中国几千年封建思想的影响，“父为子纲”，家长专制，什么都由父母说了算，父母在家里占有绝对的权威。

（二）“在前型家长”对幼儿的伤害

“在前型家长”不懂幼儿身心发展规律，不懂教育规律和基本的教育方法，对幼儿的身心发展必然造成伤害：一是剥夺了幼儿自主学习的机会，抹杀了幼儿自主探索的兴趣，幼儿会养成“衣来伸手饭来张口”的依赖思想。二是破坏幼儿内在生长秩序，幼儿一直被要求做自己能力达不到的事，长期下去就会丧失自信心，变得胆小、缩手缩脚。三是在心理上缺乏依靠，孩子的内心需求长期得不到满足，会导致幼儿情绪管理能力差，有的容易感到焦虑、不安甚至恐惧，有的表现出较强的冲动性和攻击性。四是容易造成幼儿遇事归外因，凡事以自我为中心，表现出放纵骄横和自私自利，很难适应社会生活。“在前型家长”的教育容易导致幼儿形成不良人格和性格、不良行为和习惯，严重阻碍孩子的发育及成长。

(三)从办园理念到家长工作理念的重塑

1. “牵手成长”理念下的“牵引式”育儿

2011年前，大足实幼的办园理念是“用智慧的爱牵手成长”。这个办园理念基本内涵是“用科学的、艺术的、有方法的爱牵着手共同成长”。“牵手”是指牵着家长的手，牵着孩子的手，牵着同行的手。家庭是幼儿园重要的合作伙伴，家园共育是幼儿教育重要的特征，幼儿园作为幼儿教育的专业机构应该牵手家长，共同为幼儿的成长服务。牵手家长是对的，但家长牵手孩子，却并不能够体现最科学的育儿理念。“牵手教育”，表现出的依然是家长高高站着、幼儿仰视家长；家长快步向前，幼儿亦需同步向前，或紧跟其后。“牵手成长”的理念在家庭教育方面，依然凸显了家长高高在上的权威和对幼儿成长的生拉“牵引”。

2. “自在行走”理念下的“跟随式”育儿

办园理念的全局性决定了幼儿园家长工作理念，反过来，家长工作理念的不适宜性反证了办园理念的不合理性。为此，大足实幼经过反复思考，认真研讨、梳理，在办园历史长河中撷取最宝贵的文化，在大足石刻文化区中汲取教育的精髓，最终形成了“行文化”视域下的“小步行走，自在成长”的办园理念，并构建了“大脚跟小脚”的家长工作理念。这样的理念颠覆了常识性的“家长在前、孩子在后”的牵引式育儿观念，重新定位了幼儿家庭教育的逻辑起点——“孩子在前，家长跟后”，最终确定以“大脚跟小脚”的理念来建构幼儿园家长课程体系的内容。

三、尝试进行家长工作参与性改革试验

改革的目的是变家长的被动接受为主动认同，因此如何提升家长的参与、体验度是改革试点的方向之一，对此大足实幼开始尝试家长课程的改革探索。

1. 组织改革

《幼儿园工作规程》(2015 年)第五十四条规定“幼儿园应当成立家长委员会”。家委会是幼儿园与家庭合作、沟通联系的重要纽带。大足实幼的家委会已成立多年，但因为其组织架构不够细化，所以并没有真正充分履行其职责与权力。2008 年，大足实幼在园级家委会下成立了班级家委会，还成立了伙委会，家长开始多频次参与幼儿园的管理与教学，了解幼儿园的工作，反映家长对幼儿园工作的意见和建议，协助幼儿园组织开展家园共育工作。此外，幼儿园家长学校的人员主要由园长、知名教师组成，利用广播、电视等电教设备，采取每期全园集中授课的模式。授课内容全园相同，年龄、班级特征等不明显。2011 年后，大足实幼家长学校改为班级集中授课。

2. 家长会的微改革

改革传统家长会的“园长讲、教师说、家长听”模式，由会议模式改为活动模式，内容由事务性的通告，转为阅读、游戏体验，尝试开展“读书分享”“游戏互动”等活动，提高家长的活动参与度。之前，大足实幼的家长会通常是一学期只召开一次，会议主要有两个环节，即园长讲幼儿园学期工作计划、教师讲学期班级工作计划。整个会议主要由园方和老师唱主角，家长坐着被动接受的时间较多。这种家长会形式较单一、内容较枯燥，家长感到趣味性不浓。随着践行《纲要》工作的推进，幼儿园对家长工作越来越重视，家长会的改变也提上了议事日程。首先是取消了全园性的园长讲话环节，增加了读书分享环节和游戏互动环节。教师通过读杂志上的家庭教育文章，向家长传授先进的教育理念，家长听得津津有味。在游戏互动环节，家长们在参与中明显感觉“不好意思”，放不开，但是觉得“很好笑”。家长的积极反应给了大足实幼改变的信心，他们开始关注家长的需求，从家长会的内容选择、目标定位、召开形式、环境创设等方面精心准备，尽力满足家长的需求。

3. 亲子运动会的初尝试

之前，大足实幼的幼儿冬季运动会，主要活动是幼儿早操比赛。幼儿台上表演，家长台下观看。为了让动作整齐划一，孩子们常常要经过反复的、枯燥的排练。家长带着“看孩子表演”的心态来参与，与孩子的互动性不强，幼儿和家长都没有体验到沉浸式运动的快乐。大足实幼尝试在冬季运动会增加了亲子体育游戏环节。家长在参与“赶小猪”“抬轿子”“背猴子”游戏中，表现出积极、开心心态。虽然家长的规则意识还不够，游戏的趣味性和适宜性尚需增强，且各班都有家长缺席，但所有家长对活动的反映都很好！接下来，幼儿园尝试邀请家长参加更多的亲子活动，如清明亲子扫墓、六一亲子游园等，增加家长与孩子的接触机会，在活动中融洽亲子情感。

4. 家长开放日的新探索

《幼儿园工作规程》第五十二条规定“幼儿园应当建立家长开放日制度”。大足实幼的家长开放日制度实施已久，实施的主要形式是邀请家长到园观看幼儿的半日活动，除了生活环节和早操环节外，主要是观看两节集中教育活动，通常是一节语言活动、一节数学活动。家长在整个活动中的位置是站在操场边、坐在教室后面，他们参与活动的目的主要是“了解自己孩子的表现”。这样的参与方式，让家长不明白教师的教学目的、幼儿的学习方式，家长容易横向比较幼儿的表现，容易养成攀比心理。发现问题后，大足实幼对家长开放日进行了新的探索：一是在家长参加活动之前，开半个小时的家长会，告知家长半日活动中每一个环节的教育目标、设计意图，家长观摩的注意事项，如不能打扰孩子、不能横向比较孩子等。二是将其中一节集中教育活动改为亲子游戏活动，增强互动性。这样，家长的“看点”改变了，亲自参与了，了解到幼儿园的教育目标，体验到了幼儿的学习方式。

这一阶段大足实幼尝试由宣讲式教学向参与式、互动式教学转变，在参与、体验中让家长感受孩子的情感和认知变化，重新认识孩子。通过家长工作的微改革，家长参与幼儿园活动的积极性更高了，男家长参与幼儿园活动的比率已超四成，在某些活动中还超过了母亲的参与率。幼儿园的知名度、美誉度、家长及社区支持度得到显著提升。幼儿园的家长活动有了一定的影响，为开发家长课程奠定了基础。

第二节　探索和发展期

一、课程的萌发

（一）萌发了以项目制的形式来实施家长课程的构想

在长期的办园实践中，大足实幼构建了“小脚丫”园本课程，课程主要是通过项目制来实施的，如“蚕来了”“当世界透出一点光”“蚂蚁军团”等。教师采用“项目教学法”，以项目为主线、教师为引导、幼儿为主体，进行项目探索。幼儿以项目式学习方式，主动探索现实世界的问题和挑战。由于项目探索学习需要参观访问、查阅资料，所以需要家长的介入。大足实幼发现，家长在参与孩子的项目课程时表现出非常积极的状态，他们十分支持孩子的探索，常利用周末、业余时间带领孩子外出参访。可否将家长课程也通过项目制来实施呢？教师们开始了思考。通过对比家长课堂、家长会、家长沙龙、家访、送教上门等多种家长课程的形式，本着灵活、开放、多元的原则，教师们萌发了项目制家长课程的设想。

（二）发现团体讨论的价值

1. 家长从“团讨”中发现了不一样的孩子

“团讨”这个新词，是大足实幼在开展幼儿项目式学习的过程中引进的。刚开始的时候，教师对组织幼儿团讨并不擅长，经过实践、学习、反思、教研、再实践的螺旋式研习，教师的团讨组织能力显著增强，团讨的成果日渐丰富，家长对孩子们取得的成绩刮目相看。他们说，“原来孩子们还有这么多问题”，“原来孩子们还会解决那么多问题”，他们由此懂得原来“小孩子也是有思想的”，“小孩子是有能力的”，“小孩子是有探究精神的”。

2. “共同话题”中的主动思考

家长对团讨的积极反应，引发了教师的思考：家长课程中能运用“团讨”的学习方式吗？经过对过去家长工作的梳理，教师们发现，在大足实幼的家长学校教学中，团讨早有实践，比如“家园联系栏”里每月张贴的“科学育儿话题”，就是由班级教师根据本班幼儿近期出现的问题或幼儿家庭教育出现的问题以及当下教育热点、难点，确定的与家长共同讨论的话题。家长们根据自己的思考，对话题各抒己见。教师将家长的意见张贴出来，供家长互相学习、借鉴。这样的讨论，已经坚持了近十年。老师们发现，当把问题抛给家长后，家长便开始了主动思考，也许他们给出的答案不一定是教师想要的，但家长们敢想敢说，有一定的新意，这是一种引发家长主动思考的有效方式。

3. 辩论赛带来思维碰撞

有的班级在讨论“共同话题”的基础上，开展了家长辩论赛。大七班以《小学化是否有利于幼儿成长》为辩题，举行了家长辩论赛。活动前，老师预估反方一定没有家长报名，因为“小学化不利于幼儿成长”是明摆着的。但没想到的是，一半以上的家长站在了反方。家长的辩论非常激烈，正反两方各执己见，双方的立场似乎都无懈可击。这样的辩论，让家长在尽情表达自己育儿观点的同时，也充分了解了他人的观点。在思维碰撞中，家长发现了自己在团体中的位置，在对比思考中提升了对孩子的认识。

教师们认为，把团讨引进家长课程的项目学习是可行且有必要的。

(三)尝试在记录中“发现”

1. 在“读书心得”中体会记录的愉悦

家长在项目学习时，怎样通过记录对活动过程进行描述和总结？家长愿意参与记录吗？家长会不会认为这是布置的书面作业？教师们先从家长感兴趣的、简单的记录开始。大足实幼有一个“书里的奇妙旅行”亲子阅读活动，每周在幼儿家庭之间开展漂书活动。书漂到谁家，就由谁家进行亲子阅读，而后家长要将这一本书的亲子读后感写出来。这样，读书笔记越来越多且越来越丰富。家长可以通过阅读其他家庭的读书笔记而进行学习。在这个活动中，家长认真撰写阅读心得，都期盼着不同的图书能早日漂到自己的家。通过读书笔记的撰写，家长觉察到了在教育孩子中自己的责任，看到了其他家长的“思维”呈现，也感受到了自己思维受到其他家长的尊重，这就促使他们更加投入到记录活动当中。

2. 尝试给孩子做观察记录

接下来，大足实幼教师指导家长尝试给孩子填写观察记录表。在家长开放日活动中，教师发给家长观察记录表，让家长观察孩子在“小脚踏踏”游戏中的表现，并对孩子的游戏行为进行记录。记录的项目包括游戏中的情绪：开始的情绪，过程中情绪的变化，表达情绪的方式；游戏中孩子的独立性：能否自主选择游戏场所、独立完成游戏活动、保管好自己的物品？游戏中孩子表现出的品质：解决困难、适应人际关系、表现与创造、沟通合作、探索发现；还有游戏中的规则、游戏路径等。特别要求家长记录游戏中的事件，即幼儿遇到了什么问题？他是怎么解决的？家长是否介入，如何介入的？幼儿获得了什么经验？让家长在及时、清晰、准确的记录中学会科学观察孩子，了解孩子的学习过程。

3. 制作项目学习方案

在项目制学习体验活动中，教师引导家长体验幼儿的项目学习过程。首先，向家长说明项目主题的来源，让家长明白这个项目是如何产生的。接着，将家长分成几个学习小组，针对同一项目，开展团体讨论，制作项目学习方案，并用思维导图将计划绘制出来。然后，各组派出代表上台向大家展示、讲述本组的方案。家长们在集体分享与互动交流中，感受到了项目式学习的有趣，因而表现出进一步学习的强烈愿望。教师会抛给家长问题："对于这个项目学习，您将给予孩子哪些支持?"家长们的响应非常积极："提供项目学习资源""带孩子去参观访问""愿意当安保志愿者""陪着孩子写观察记录表"……

二、情境设置的探索

创设恰当的情境是项目制家长课程实施的前提，创设"易跟""乐跟"的情境，才能落实"跟随式"育儿的课程目标。大足实幼通过情境创设，将家长置身于孩子真实的生活场景中，让家长在解决孩子的"真"问题中获得育儿水平的提升和自我的成长。

(一)紧扣主题学习，创设跟随情境

《3—6岁儿童学习与发展指南》将幼儿的学习与发展分为健康、语言、社会、科学、艺术五个领域。幼儿园按照《指南》的教育建议，通过主题学习活动开展各领域的学习。家长怎样跟随幼儿的主题学习活动呢?

1. 创设"前期经验共积累"的情境

前期经验指幼儿通过实践、探索他们自己的生活世界来了解并获得知识，从而积累成为经验。这种经验包括情感、社会、自我意识等多方面。在进入一个主题学习活动之前，幼儿要进行丰富的主题经验积累。大足实幼在每周五下午或每天离园前，通过QQ、微信、纸质件等派发幼儿前期经验积累"任务单"，并指导家长通过"五步"跟随幼儿完成经验积累，即：开展主题学习前期调查，开展关于主题的初步讨论，进行实地参观访问，尝试初步的主题探索，收集主题学习材料。通过"跟经验"的情境，家长明白了：当孩子的前期经验和当前的经验产生联系、前期的经验和他人的经验产生联系时，他们就获取了新经验。

2 创设"学习计划共制订"的情境

家长知道了幼儿是在游戏中学习的，可是游戏不只是玩，还需要制订游戏计划。以"小脚踏踏"游戏为例，由于这个游戏涉及场地选择、

角色选择、材料准备等，因此特别能培养儿童游戏学习的计划性。大足实幼开展了“小脚丫‘慢’游记”游戏计划制订活动，要求在每周四和周五“小脚踏踏”游戏活动开展的前一天，家长和幼儿一起制订游戏计划。在教师的指导下，家长和孩子共同设计了“小脚丫‘慢’游记”游戏计划本。“慢”是“孩子，你慢慢来”的教育理念。在亲子共同制订游戏计划的过程中，家长尝试用各种方法激发孩子制订计划的兴趣，以平等的身份和孩子共同商议计划的制订，并鼓励孩子大胆实施计划。在这样的跟随情境中，家长培养了孩子制订并遵循、完成计划的能力。

3. 优化学习经验

大足实幼通过创造运用场景、跟踪观察记录、深化经验创造的策略丰富幼儿的经验。

创造运用场景。如在大班孩子学习 10 以内的加减运算中，教师指导家长在家玩买卖游戏，幼儿卖家长买或家长卖幼儿买，玩具、图书、生活用品皆可成为游戏材料，家长指导幼儿借助实际游戏情境和操作，在游戏操作中进行记录，理解“加”和“减”的实际意义。

跟踪观察记录。如在“寻找生活中的数字宝宝”主题活动中，布置亲子活动任务单，让家长跟随孩子一同寻找身边的数字及其含义，并作好记录。家长指导孩子关注生活中的数字，如公交车上的数字代表路线、站台的排序；电梯里的数字代表楼层；包装上的数字有的代表重量，有的代表生产日期、有效截止日期，有的代表所含成分的比例，有的代表保质期，有的代表包装里面物体的多少，有的代表用量；货架上的数字代表价格、重量、日期；尺子上的数字代表长度；量杯上的数字代表容量；电话号码中的数字代表运营商、归属地、用户号码等。让家长跟随孩子感知生活与数字的紧密联系，感知数字代表的不同含义，感知生活中数字的有用和有趣。

深化经验创造。如在数学的方位练习中，家长可陪同幼儿在家玩“寻找宝藏”的游戏，孩子藏宝贝，用语音提示或绘制藏宝图，家长根据语音提示或藏宝图寻找宝贝，游戏可交换进行。在初玩此游戏时，两位家长可分为两个战队，一人负责陪伴孩子，一同商量怎样用语音提示或制定藏宝图，指导孩子构建空间经验，另一人负责识别语音方位或藏宝藏的方位图，让孩子的方位经验在游戏中深化。

（二）卷入亲子活动，体验游戏情境

卷入式家长活动，就是家长全身心投入育儿学习的体验状态。大足实幼通过开展丰富的体验活动，让家长拥有良好的情境体验感受。

1. 引发游戏兴趣，让家长乐意"卷入"

有的家长会以工作忙等理由，缺席幼儿园的家长活动。为了引发家长参与活动的兴趣，大足实幼有自己的策略。幼儿园至少提前一周预告活动开始时间，让家长提早准备。发动幼儿对家长发出诚挚邀请，让家长深深感到被孩子需要的感觉。教师通过录制活动项目小视频，提前预告活动内容，吸引家长参与。班级建立了家长活动激励机制，如对按时参加的家长，教师将奖给其孩子"小脚踏踏"游戏币等。每一次活动，教师们都营造温馨的活动氛围，桌布、绿植、彩灯，让活动有满满的仪式感，以仪式感唤起家长的卷入感。

2. 扮演角色，引发浸润情境体验

家长扮演某种角色，参与幼儿园的各类活动，可以满足家长在学习中的兴趣。大足实幼给予家长自主选择角色的自由，开展互动体验。如开展的"在那童话故事里""书里的奇妙旅行""春天的畅想"等活动，与家长一起共创游戏的玩法，引发家长的深度参与感。请家长饰演各种角色，与师幼合作表演，让家长体验到童真、童趣、童乐。在主题课程学习中，邀请家长参演、客串课程中的角色，以"助教"的身份体验教师的工作、以家委会的身份体验园长管理，将家长置身真实环境中，发挥其学习的主动性和创造性。通过置身问题情境，让家长主动深入思考，解决育儿的真问题，获得真成长。

（三）链接生活，融入情境

1. 组织参观访问

探究式参访是幼儿园对外交流学习的一种方式，实地参观、访问、交流能带给家长和幼儿更直观的体验和深刻的感受。大足实幼将参访活动分为家庭自发参访、师领亲子参访、家庭结伴参访三种形式。为了避免家长在参访中走马观花，给孩子的记录仅是手机里的照片，教师们提出了“沉浸式”参访的要求，要求家长和幼儿共同研究参访的目标，聚焦发现的问题并进行深度探讨，把参访变成一次探究式学习之旅。通过家庭结伴，形成探究共学小组，分享探究中惊喜的发现，共研探究中产生的疑难问题，促进幼儿、家长融入深度学习的情境。

2. 进入家庭指导

大足实幼建立了以成长记录为主线的家访机制。教师提前为幼儿制作一本成长纪念册，作为家访礼物送给幼儿；进入幼儿家庭，教师根据需要，召开家庭会议，帮助家长统一科学育儿认识；指导家庭进行育儿环境创设，现场展示如何给予孩子适宜的游戏空间，特别指导了家庭阅读环境的创设，让幼儿从小受到书香的熏陶；教师把“小脚丫”游戏送到家庭，通过基于家庭环境的师幼、亲子互动游戏，让家长明白游戏对幼儿成长的意义。

3. 课程链接生活

大足实幼不断创新生活课程，如“宅家 爱家 探索家”亲子项目学习课程，“小脚踏踏”区域联合游戏中的“嘎嘣餐厅”“鱼子非擦鞋店”“小脚丫集市”“共享单车”等游戏，传统节日庆典的美食制作与分享等，“大脚跟小脚”家长课程的建构通过不断地链接与儿童相关的日常生活、社会文化等资源，让课程变得越来越丰富，让家长在生活和游戏中逐渐发现了儿童成长的变化。

三、设定课程目标

作为家长学校的载体，家长课程目标的设定应该是服务于幼儿培养目标的，这就需要实现家长对幼儿园教育理念的主动认同，这是探索家长课程教学模式的前提，大足实幼最终确定通过培育“四会家长”来服务于“四行儿童”的培养。“四会家长”即会玩型家长、会教型家长、会养型家长、会学型家长，“四行儿童”即大足实幼的幼儿培养目标，即“行致善”“行致健”“行致乐”“行致远”。

（一）会玩型家长的培养目标

“玩，对于孩子的成长，就像维生素一样必不可少，是孩子最喜欢的活动，是适合孩子人格健全发展的活动。”（马卡连柯）。玩耍是孩子童年里最重要的事情之一，他们通过游戏探索大千世界，获得对自己和世界的认知，获得外在情感和掌控世界的能力。对于家长来说，“玩”和“贪玩”是常常联系在一起的，多少带有贬义的成分。家长未能认识到“玩”对孩子成长的意义，也因为各种原因不愿、不能、不会陪伴孩子玩耍。“大脚跟小脚”家长课程的首要目标，就是要让家长像孩子那样会玩，会陪伴孩子玩，会在有质量的“陪玩”过程中享受到玩的乐趣，让家长认识到孩子的游戏是最有教育价值的。

1. 会做孩子的玩伴

家长在扮演“孩子的玩伴”这一角色中，存在着误区。有的家长扮演了“指挥官”角色，指挥孩子应该这样做，应该那样做；有的家长扮演了“全能冠军”角色，孩子遇到困难时全由家长出手处理，事事都由家长做好；有的扮演了“老师”角色：“不会吧？我来教你。”角色误区导致孩子在玩耍中缺失自信心、丧失继续探索的愿望。“大脚跟小脚”家长课程，通过设置情境体验，让家长明晰自己的“玩伴”角色定位，摒弃自己的“强者”形象，以与孩子平等的身份参与游戏，尽量满足孩子玩耍需要，全身心投入玩耍活动中。

2. 会为孩子创造玩耍机会

当今，电子产品在一定程度上充当了幼儿童年的“玩伴”，“电视保姆”“手机保姆”常常代替了父母的陪伴。成人的陪伴能带给孩子探索的安全感，“大脚跟小脚”家长课程通过游戏式家访，让家长体验如何利用家庭环境游戏，如何在生活中随时发起游戏活动，并以“观察者、提供者、合作者”的身份参与到孩子的群体性活动中。大足实幼引导家长注意“成人带领游戏”和孩子自主玩耍的平衡点，支持孩子自创的玩耍行为，让孩子从“不被打扰的自主玩耍中”，激发自主探索的勇气和创意，形成专注力、增强自信心及成就感，获得良好的“内驱力”的体验。

3. 会在玩耍中探索

孩子无时无刻不在探索这个世界。“大脚跟小脚”家长课程，采取让家长参与设计幼儿的项目学习活动的方式，如“落叶知多少”“台阶”“探秘银行”等，体验孩子在自发探索的方式中观察、推理、实验、求证的思维过程，懂得识别孩子的探索行为，包括破坏行为、危险行为、不配合行为、不卫生行为、影响他人的行为等。通过营造支持性的探索氛围，保护孩子的探索欲，珍视孩子的探索发现，并以孩子的视角参与探索，支持孩子在探索中深度学习。

(二)会教型家长的培养目标

1. 会注重言传身教

“重要他人”，指的是孩子心理人格形成及社会化的过程中，最具影响的人。孩子最早的“重要他人”往往是父母，父母的言传身教对孩子的成长具有决定性的作用。苏霍姆林斯基认为，塑造一个优秀的儿童，至少要从六个方面出力：家庭、学校、儿童所在的集体、儿童本人、书籍、偶然因素。其中，家庭是排在第一位的。孩子善于模仿，孩子的言行就是父母言行的折射。大足实幼通过开展“好家长胜过好老师”演讲、“重阳节敬老爱老亲子活动”、爱心义卖活动、关爱特殊儿童活动、我爱警察叔叔活动、“我爱城市美容师”等以爱育爱的活动，让家长认识到家庭教育的重要性，注重提高自身修养。

2. 会关注孩子需求

家长对孩子的需求认知，主要停留在生理需求和安全需求层面，他们认为孩子年龄太小，没有更高层次的需求，表现出过度关心孩子的“低层次需求”，而忽略孩子高层次的需求。在是否满足孩子需求方面，也表现出两个极端，一是尽可能满足孩子的所有需求，生怕孩子委屈、难过；另一个极端是常常故意不满足孩子的需求，或者刻意训练孩子的“延迟满足”能力。孩子的需求没有得到很好的满足，或者家长满足孩子的方式出了问题，便会影响孩子的思维模式和人格发展。如何正确而又科学地满足孩子的需求呢？大足实幼开设了“大脚跟小脚：护苗‘心’课程”，引导家长了解儿童心理，给予孩子各个层次需求的“无条件的积极关注”。

3. 会融洽亲子关系

亲子冲突往往来自孩子的叛逆。2~3 岁是孩子的第一个叛逆期，他们好像什么都和父母对着干。其实在孩子成长过程中，“叛逆”是不同程度地一直存在的。究其原因，是因为孩子一直在挣脱父母的管教，争取自己的独立成长。大足实幼引导家长用“积极心理学”来建立积极的亲子关系。其一是要积极对待孩子的“不听话”、调皮行为，认识到孩子的每一次犯错都有其价值。其二是学会用积极的方式处理亲子冲突，根据孩子的年龄特点，给予孩子具体的意见，进行有效的亲子沟通。其三是营造积极的家庭氛围，不当着孩子的面争吵。

4. 会利用生活场景随机教育

所谓随机教育，“就是不受时间、空间限制，没有预设目标，随时抓住机会生成的教育”。家庭生活、社会生活是丰富多彩而富有变化的，其中蕴藏的教育契机和教育题材也是丰富多彩的，可以说生活中处处有教育。特别是生活中的偶发事件，因其蕴藏的教育契机和教育题材是不可重复、不能创设的，其内容的广泛性、丰富性、生动性是有计划的教学活动所不能比拟的，所以显得非常宝贵。孩子对偶发事物的兴趣性、主动性、积极性、迫切性，往往强于幼儿园有计划的教学活动。大足实幼通过开展“宅家 爱家 探索家”项目学习，利用基于家庭的探索，增强家长识别、把握和利用随机教育的能力。

5. 会采用正面强化教育措施

正面强化是指通过奖励和肯定，鼓励孩子的正面行为，包括口头正面强化、行为正面强化、物质正面强化。有的家长错误地认为批评教育就是挫折教育，所以经常否定、批评、打击孩子。“大脚跟小脚”家长课程将“正面强化”作为一项教育技能，让家长进行练习。如，学说丰富的称赞孩子的语言，学做拥抱、击掌、拍肩、握手等激励孩子的动作，学折桃心、幸运星、纸飞机、纸船，学剪五角星、小雪花等正面强化所需要的物品等，让“正面强化”成为家长的一项娴熟的教育技能。

(三)会养型家长培养目标

1. 会为孩子科学搭配饮食

经历过物质匮乏、粮食紧张的年代，家长(特别是祖辈家长)总是怕孩子没吃饱、没吃好。家长的喂养观念不健康、不科学，孩子已经吃不下了，家长还在使劲儿喂；只要是“有营养”的东西，都给孩子吃；给孩子吃太多快餐食品、油炸食品等。大足实幼开展“幼儿膳食沙龙”，请来妇幼保健院的儿保专家，给家长举行合理膳食的专题讲座，解答家长的疑问。家长们各带一份自己烹饪的幼儿食品，请专家和其他家长做点评。每周，幼儿园向家长公示“带量食谱”；每月的家长陪餐活动，经过申请，家长凭“陪餐券”入园品尝幼儿的餐点；每学期，开展“营养膳食”现场学习活动，由幼儿园的厨师教家长学做儿童餐。通过一系列举措，让家长注重孩子的营养均衡，为孩子提供多种类的食物，注意定量饮食，做到科学烹饪。

2. 会带孩子锻炼体能

一些年轻家长下班回家喜欢宅家玩手机，孩子也跟着玩手机、看电视，导致很多孩子运动能力较差。大足实幼每年开展“亲子野外运动体验节”，利用北山公园、海棠湖公园、圣迹湖公园等自然资源，设计亲子运动项目，“夺红旗”“惊奇一线”“袋鼠爬”等，让家长懂得保证孩子户外活动时间的重要性，培养孩子良好的运动品质。在2020年上半年，宅家抗击新冠疫情的特殊时期，大足实幼的教师们仍每天给幼儿家庭线上播放早锻炼音乐，指导家庭依托家庭环境，进行有趣而充分的体育锻炼。

3. 会培养孩子良好生活习惯

良好的卫生习惯会让孩子终身受益。大足实幼整理出《3—6岁儿童学习与发展指南》中各年龄段关于幼儿生活自理能力的内容，供家长“对标对表”学习。在幼儿习惯养成方面，祖辈家长往往表现得“不给力”。他们因为溺爱孙子，而忽视对其良好习惯的培养。大足实幼开展“我是孙孙的加油站”祖辈家长课堂，教会祖辈家长“生活类儿歌”，如穿衣歌、叠衣歌、刷牙歌、洗手歌等，巧用儿歌帮助幼儿养成良好的作息习惯、饮食习惯、卫生习惯，培养幼儿的生活自理能力。

4. 会安全养育孩子

保护孩子的人身安全，是养育孩子的第一步。因为家长安全意识不强，而造成孩子人身伤害甚至失去生命的事件屡有发生。家长应该学会消除生活环境中的安全隐患，及时对孩子进行安全提醒，提高孩子的自护能力。大足实幼把“家园配合 安全育儿”放在首位，邀请家长参与讨论每月安全话题，如何对幼儿进行交通、消防、食品、玩耍、防溺水等方面的教育，家长写出自己的看法贴在班级家园联系栏和大家交流；开展家长“安全助教”活动，邀请交巡警家长给孩子们讲解交通规则，邀请厨师家长为孩子们讲解“厨房里的安全”；指导家长和幼儿共玩亲子安全游戏，在游戏中演习自救自护的方法，如游戏《交通警察》《陌生人来敲门》《娃娃找家》等；携手家长为幼儿收集安全的相关活动材料，共创安全教育主题墙和活动区角。

5. 会监测孩子健康

家长应该掌握一些基本的急救技能，家里随时准备急救物品；带孩子按时预防接种；定期给孩子检查身体，随时监测孩子的健康状况。大足实幼通过家长课堂，教给家长健康监测实用方法，如在家里摆放体重秤，张贴“小动物”身高尺子，教家长绘制儿童生长发育曲线图，通过日常的观察如孩子的大小便等监测孩子的健康。在每年开展的爱牙日、爱耳日前后开展丰富的活动，请来医护家长为幼儿的视力、听力做义诊。在每年的国际睡眠日(3 月 21 日)，家长和幼儿可以穿着睡衣入园，在操场、在班级参加“睡衣秀”。

(四)会学型家长培养目标

1. 会主动学习科学育儿知识

家长教育孩子不能凭借经验，需要系统学习育儿知识。大足实幼在新生家长学堂第一课，就培养家长的主动学习意识。要求家长积极参加幼儿园家长课程学习，利用网络、书籍等自学，乐于与他人交流育儿经验。大足实幼开展“育儿经，书里找”活动，由骨干教师为幼儿家庭推荐好书，如推荐的《快发现孩子天赋》《捕捉儿童敏感期》《你就是孩子最好的玩具》《倾听孩子》等优秀书籍，帮助家长更新育儿观念，更加了解儿童。

2. 会选择学习内容

有的家长想学习育儿知识，但却不知道怎么选择学习内容。大足实幼经常推送科学育儿推文，针对家庭和孩子的不同情况，做好个性化的学习内容推送，如对敏感孩子，推送《天生敏感》《高敏感是种天赋》《高敏感者的安全感》等。

3. 会合理分配学习时间

家长忙于工作，忙于照顾孩子，很难抽出整块时间来学习育儿知识。大足实幼通过团体讨论，引导家长有效进行时间管理，探讨哪些零星时间可利用起来进行学习；开展“大足小步听书”活动，利用听书软件做到学习做事两不误，及时吸纳家教新知。

四、项目制家长课程体系的雏形建构

(一)课程体系化的思考

对前期研究成果的梳理，是成果理论化、体系化并形成模型的前提；而唯有理论化、体系化和模式化的成果才具有更高的涵盖性和推广性。自2014年开始，大足实幼着力整理前期的开发探究成果，凝练项目制家长课程模型，并尝试将其体系化。2016年大足实幼基本形成了以“小步行走，自在生长”的办园理念为内涵的融入校园特色的传统“行文化”，开发以“大脚跟小脚”为课程内容、以项目制为教学形式、多元开放的评价机制的家长课程体系，达成家长育儿的“四会家长”。

(二)凝练项目主题

立足“四会家长”的课程目标，总结幼儿园家长课程的实践活动，整合零碎的亲子活动，大足实幼将每一个家园活动都变为有目标的家长课程活动，将家长课程的项目归纳为“会玩、会教、会养、会学”四大主题。

1.“会玩”主题

家长“会玩”，就是要实现家长对孩子的高质量陪伴。大足实幼一方面让家长系统学习游戏理论，一方面通过丰富的亲子活动让家长回归童心，在玩中学、玩中乐、玩中陪。这一主题的活动主要通过三种形式实施：一是现场集体学习亲子游戏。在教师的带领下，家长集中在班级或幼儿园会议室体验学习亲子游戏，如小鸡吃米、捉蜻蜓、棒棒糖等，这些游戏的特点是互动性强、无须材料、场地的准备，随时随地可玩。二是开展在园亲子活动，这些活动既以游戏为基本，又具有浓郁的节日特点，家长参与的情绪十分高昂。如传统节日亲子活动(亲子包青团、亲子包粽子、亲子打糍粑等)、纪念日亲子活动(睡眠日亲子睡衣秀、亲子植树、六一亲子活动等)、专属庆典亲子活动(亲子升班典礼活动、亲子毕业典礼活动)。三是线上推送亲子游戏。教师通过班级群，推送手指游戏、语言游戏、音乐游戏、体育游戏等。

2. “会教”主题

“会教”的目标不在“教”，而是在“跟学”中“教”，即在理解、尊重、支持孩子学习的基础上，实现在“不教”中“教”。大足实幼将家长卷入幼儿园的课程，通过项目体验，懂得“教”的真谛。如通过阅读项目体验系列活动：书里的奇妙旅行、每周漂书活动、甜甜圈读书节、亲子绘本创作、“大足小步”听书、“美慧树”绘本课程体验等，促进幼儿前阅读核心经验的形成，改变家长“阅读就是识字”的误区，通过“玩转数学生活游戏”项目，帮助家长厘清幼儿数学核心经验与“去小学化”之间的关系，让家长明白，他们最关心的幼儿“算数”能力，幼儿必须从实物操作中学习才能掌握得牢靠。

3. “会养”主题

这里的“会养”，是指对幼儿生活的照顾和生命安全的保护。大足实幼将这一主题分为四个项目：一是幼儿的营养膳食项目学习。通过开展营养膳食家长沙龙、家长进园陪餐体验、幼儿营养膳食培训、幼儿园带量食谱分享、亲子美食分享等，让家长学习科学的营养膳食搭配方法。二是幼儿的体育锻炼。通过观摩幼儿园早锻炼、举行亲子运动会、亲子野外体验节、亲子宅家体育游戏等，让家长重视幼儿的体能锻炼。三是安全育儿项目学习。邀请家长参加“小脚丫安全行”课程、“我和消防叔叔有个约会”体验活动、担任安保志愿者等活动，让家长将幼儿的生命安全放在首位。四是培养幼儿良好的生活习惯。通过线上指导入园衔接、观摩幼儿园一日生活、学念生活儿歌、参与“我会垃圾分类”等活动，让家长培养良好的生活习惯。

4. “会学”主题

“没有时间教育孩子，就意味着没有时间做人。”(苏霍姆林斯基)大足实幼设置项目，对家长进行学习动力、学习方法、学习内容、学习途径等方面的引领。如护苗“心”课程项目，通过专题讲座，让家长了解幼儿常见心理问题的表现形式及影响因素，就自闭症、多动症等幼儿常见精神心理疾病的症状表现、发病年龄和病程趋势等进行科普；通过沙盘游戏、综合信息评估孩子目前的心理发展现状；开展家长团体心理辅导，引导家长如何与孩子沟通，让家长明白“懂”是“爱”的前提，教育孩子首先需要学习。从孩子的发展变化，让家长看到自己学习的成效，尝到学习的甜头，激发持续学习的积极性。

（三）项目制家长课程系列成果

在这一阶段项目制家长课程的探索中，大足实幼也注重成果的积淀与整理。

1. 撰写项目案例集

在项目实施过程中，大足实幼编写了部分案例集，包括《爱要大声唱出来：亲子歌曲集》《和你在一起：亲子体验游戏集》《幼儿园家长工作管理标准与流程》《大脚跟小脚：家长学校教材》《陪你玩在童年——亲子活动方案集》《“宅家 爱家 探索家”项目学习案例集》等，为后续家长课程的教材编写奠定了基础。

2. 科研课题成果

在探索过程中，大足实幼一共开展了四个课题研究：“教师引导家长主动配合 促进幼儿发展研究”“幼儿园家长工作标准化管理实践研究”“基于儿童成长规律的幼儿园家长课程改革推广研究”“大脚跟小脚：育‘四行’儿童家长学校课程实践探索项目研究”。这些课题、项目基于大足实幼的家长工作，解决家长工作的问题，取得了较好的研究成果，形成了有质量的研究报告，其中教师编写亲子活动案例集 4 个，发表论文 10 篇，家长论文获奖 18 篇。

3. 形成园本课程

在“大脚跟小脚”家长课程实践中，大足实幼形成了“大脚跟小脚幼儿园家长课程”前置理论讲稿及《幼儿园亲子歌曲集》《“宅家 爱家 探索家”项目学习案例集》《幼儿园亲子活动方案集》《幼儿园亲子游戏集》等家长课程读本。家长课程又反过来促进了该园的园本课程建设，构建了“小脚丫 走大足”“小脚丫 安全行”“幼儿剪纸艺术”“播种川剧”“画说川剧”等丰硕的成果。

第三节　完善和推广期

一、广泛交流

在区教委、区妇联的关怀下，大足实幼通过各种途径交流成果、打造特色、树立品牌。

（一）参加学术交流

1. 区内交流

2012 年 4 月，大足实幼在“大足区安全稳定工作会”上，作了题为《家园携手 安全育儿》的交流发言；2016 年 3 月，时任园长胡晓红在“大足区家庭教育 3D 行动”学习培训会上，作了题为《家长工作标准化 家园携手共成长》的交流发言；2018 年 3 月，时任园长胡晓红在“大足区家庭教育 3D 行动”学习培训会上，作了题为《家长成长一小步 幼儿成长一大步》的交流发言。

2. 市级交流

2021 年 1 月，大足实幼在由重庆市教育督导评估院组织召开的“重庆市家校共育工作研讨会”上作了《家长工作标准化管理的“四清”策略》发言。2020 年在“成渝双城经济圈教育协同发展”交流活动中，作了《大脚跟小脚——家长特色课程》分享。2017 年 4 月杜波平副园长受山西晋城市教育局邀请参加“晋城市学前教育大片区联片教研活动研讨会”，并对大足实幼项目制家长课程的实施经验作了分享交流。之后，她又分别在2017年8月“山西潞城市教育局暑期幼儿教师培训”、2018年5月在江西南昌及上饶作了《家长资源助力课程实施》的师资培训讲座。

3. 国家级交流

2019年11月，时任园长胡晓红在国家教育行政学院浙江萧山基地举办的“全国幼儿园骨干园长高级研修班”上作了家长课程分享。2020年11月，胡晓红在西北师范大学举行的“学前教育培训团队高级研修和骨干教师培训项目班”上作了《大脚跟小脚：幼儿园家长课程实践探索》的分享。

（二）邀请入园观摩

1. 承担现场研讨会的相关工作

2019年11月，骨干教师于建平作了大足实幼项目制家长课程教学经验交流，大足实幼承担了区家庭教育研讨现场活动的相关工作。来自全区179所幼儿园的老师们观看了大足实幼家长工作资料。因为有家长在课程中的积极支持，主题课程“美慧树”的实施很有特色。2016年11月，大足实幼举行“美慧树”课程研讨会，吸引了北京、上海、河北、吉林等国内26个省市的园长到会研讨。

2. 开展观摩活动

邀请区内外幼儿园相继到大足实幼观摩家长开放日活动、体验式家长会、各类亲子活动等。

3. 接待进班研修

接待薄弱园的教师进入到班级，在真实的现场环境中，细致观察大足实幼教师从晨间接待到离园回家的每一个环节，是如何做好家园配合工作的。

二、共享成果

研究团队进一步完善和补充家长课程内容和资源，将成果及时运用和推广到周边幼儿园。

(一)提供实体指导

借助幼儿园帮扶计划，为乡镇、农村幼儿园、民办幼儿园等提供家长课堂服务。和万古幼儿园、中敖幼儿园、季家幼儿园、官仓幼儿园等乡镇幼儿园结成帮扶团队，带领骨干教师“送教下乡”，深入一线指导幼儿园的家长教育教学实践。

1. 家长培训故事化

针对农村的幼儿家长老龄人多年轻人少、大多数文化素质较差、因忙农活不愿参与等情况，大足实幼采取了“故事型”家长会，将一个个生动的教育故事、教育案例讲给家长听。老师将图片、视频、音乐做成PPT课件，力求讲课内容浅显、生动、有趣，让家长在短时间内受到教育启发。

2. 亲子游戏传统化

根据农村家长生活的环境和他们的生活经验，大足实幼在指导薄弱园开展亲子游戏活动时，选取了传统游戏，如滚铁环、推小车、打野鸭、赶小猪等。这些游戏都是家长孩童时玩过的游戏，调动了家长对童年的快乐记忆，因此家长积极投入游戏，在回归童年中，体会到了游戏对儿童成长的意义。

3. 课程资源自然化

农村家长对幼儿园“小学化”的要求很高，他们会“逼”着老师教孩子认字、写字，会每天过问孩子的家庭作业。针对这种情况，大足实幼给家长观看“幼儿手部骨骼发育图”，观看欧洲森林幼儿园的活动视频，让家长明白农村就是一部自然百科全书，蔬菜卡片不如蔬菜实物，卡片再多都不及孩子去闻一闻、尝一尝、摸一摸，城市里的感观课不如农村里的追鸡、玩泥、爬山坡……

（二）提供资源服务

1. 共享课程资源

通过发放家长课程教材、家长课程案例集、教师用书、教师论文集等材料，共享课程资源，有效提升了乡镇幼儿园家长教育能力与家长工作效能。

2. 共享教师资源

通过同龄班级结对的方式，对农村幼儿园的班级家长工作进行具体的指导。

3. 提供物质帮助

赠送优质绘本和玩具，给亲子阅读、亲子游戏提供支持。赠送电教设备，为家长课堂提供硬件支持。

三、宣传推广

1. 举办成果展

2016年，大足实幼荣获“重庆市家长示范学校”荣誉称号。2017年，大足实幼相关家长工作参加了在大足区昌州小学举行的“家庭教育成果展”。2021年5月，大足实幼举办了“大脚跟小脚：‘行’文化视域下的幼儿园家长课程成果展”。

2. 利用媒体宣传

《中国妇女报》对大足实幼引领男家长教育孩子不缺位予以报道，题为《大脚跟小脚：爸爸的脚步有力量》，并被多家媒体转载；《中国教育报》作了题为《大脚跟小脚：育儿更“走心”》的报道；人民网作了《把“小脚丫”游戏送到家，为孩子搭建成长阶梯》《搭建沟通桥梁，“护苗心课程”引导家长教育陪伴》等系列报道。

3. 利用幼儿园公众号宣传

幼儿园成立微信推文编写团队，及时推送大足实幼家长课程活动。每一篇推文都呈现了大足实幼家长课程的理念和活动的具体实施方法、步骤，具有较强的可复制性。幼儿园通过对编辑团队的专门培训，使得推文传播的速度、深度和广度得到加强，扩大了辐射面，发挥了引领示范的作用。

第三章　项目制家长课程的教学模式

第一节　项目制家长课程教学模式的理论起点

一种新的教学形式只有被抽象出来并且模式化，才能考虑该教学模式的适用范围，而其范围的界定则受到支撑该模式的理论框架的限定。因此教学模式可以说是教学形式的理论化，或者是在一定理论框架下的教学方式的抽象与概括。依据源与流的界分，我们可以从教学模式的哲学理论起点、心理学理论起点和课程论的起点等对其逐一探寻。

一、哲学理论起点

大足实幼的项目制家长课程教学改革，实质上是一种教学形式的改革，即让家长在活动中，通过相互交往的方式和亲身体验的方式来达成自主学习的目的。在这里，交互性和体验性是项目制家长课程教学模式改革的核心。但是：

- **在教学中为什么需要“交互性实践活动”？**
- **它在主体学习和知识的形成过程中处于何种地位？**
- **或者说，它是如何促使主体获得知识的？**
- **交互性实践活动令主体获得知识的背景、条件又是什么？**

对这些问题的深入回答，需要从其哲学的内涵探其究竟，而哈贝马斯的“交往性行为”理论在这方面作了较多的研究。

在哈贝马斯看来，主体的有意义的行为活动无不是建立在“情境理性”中的“交往性行为”。作为后现代主义者，他承继马克思主义的理论，认为“人的精神扎根于物质生产，并表现为一切社会关系的总和”。① 因此，人并非如费尔巴哈那样，作为抽象、独立的个体存在，人总是生活于一定的生产实践之中，这就是社会的“情境”。出于生产的需要，人们通过语言进行必要的交流，换言之，人生活于一定社会和历史的“语境”之中，这是人建立生存和建立交往行为的“理性”前提。

具有语言和行为能力的主体以共同的生活世界作为背景，就世界中的事物达成共识……一方面，主体一直都是出现在一个由语言建构和阐释的世界里，并且依赖着合乎语法的意义语境。就此而言，相对于语言主体，语言只是一种前提和客体。另一方面，由语言建构和阐释的生活世界的立足点在于语言共同体中的交往实践。在交往过程中，语言所建立起来的共识取决于交往参与者对可以批判的有效性要求所持的肯定或否定立场。有了语言建立起来的共识，时空中才能形成广泛的互动。②

在哈贝马斯看来，行为就其本身而言并无任何意义，因为从行为自身而言观察者无法探清其意图，而设置普遍认同的语境环境，则会令行为大有不同。

从观察者视角来看，非语言行为绝不会让主体主动获得认知，它自身不会让主体认识到它是一种有意图的行为。相反，言语行为则满足这个条

---

① ［德］于尔根·哈贝马斯．后形而上学思想［M］．曹卫东，付德根，译．南京：译林出版社，2001：38.

② ［德］于尔根·哈贝马斯．后形而上学思想［M］．曹卫东，付德根，译．南京：译林出版社，2001：41-42.

件。……因为言语行为能够自我诠释，因为它具有一种自我关涉的结构。①

作为主体的人不仅仅以独立的个体形式而存在，同时也是处于一定社会“情境”中的个体，是社会的人。教育是培养人的活动，教育目的要考虑人的身心发展的各要素，给予个体自由充分的发展，并予以高度重视；但不是抽象地脱离社会和历史来谈人的发展，而是把个体发展放在一定的历史范围之内，放在各种社会关系中来考察。

就学龄前儿童的心理发育特征而言，它以具象化学习为主，简单说来，就是该阶段幼儿的认识主要是机械地接纳具体化的知识，即便是建立抽象的符号逻辑，也仅是对处于特定“情境”中的具体事物的符号化，学习内容的迁移性相对较差，模仿是这一阶段的主要学习方式。也就是说，在这一阶段，那些置于一定具体“情境”中的事物，或者是处于一定实践活动中的行为技能更容易被幼儿纳入其自身的认知体系中。这就使得该阶段的“情境学习”、基于特定情境中的实践活动(游戏)的学习应该成为主要的教育教学模式。

二、心理学理论起点

从项目制的哲学起点来看，“情境学习理论”(Situated Learning Theory)是项目制家长课程教学模式的心理学起点，尽管许多学者并不这么认为，在他们看来项目制是建构主义理论(Constructivism Theory)学派的一种方法，知识的习得是主体认知建构的过程。其实两种理论之间有着千丝万缕的联系，当然也存在着略微的差异性。

1. 项目制教学与建构主义学习

之所以认为项目制教学是建构主义的理论，是因为项目制教学的一些基本特征与建构主义学习理论(Constructivism Learning Theory)的一些特征基本一致，这可以通过表3-1进行说明：

① [德]于尔根·哈贝马斯. 后形而上学思想[M]. 曹卫东，付德根，译. 南京：译林出版社，2001：54-55.

表 3-1　建构主义学习与项目制教学

建构主义学习	项目制学习	建构主义学习	项目制学习
学习者为中心	学习者为中心	基于案例的学习	基于项目活动
目标导向性的	确定项目任务目标	社会性学习	基于未来社会生活
问题定向型的学习	基于问题的研究	内在驱动的学习	学生自主探索
探究定向的学习	探究式、体验式		

在建构主义者看来，学习者知识和技能的获得是一个“同化”(Assimilation)、“顺应”(Accommodation)和“平衡”(Equilibration)的过程。同化和顺应分别解释了外在认知能够被纳入或不能被纳入学习者原有的知识体系时的学习建构过程，而这个建构过程是学习者的内在知识体系不断打破原有平衡建立新的平衡的过程，这个过程由情境、协作、会话和意义建构四个要素组成。

这种探究学习也必然是对“复杂真实情境中结构不良问题的解决”，这也决定了学习的主体过程是基于典型案例分析的问题导向性。胡斌武、肖卫兵、陈威等人也指出建构主义学习过程具有“情境、协作、会话和意义建构”等四个要素。①②③

总之，从外在形势来看，项目制教学与建构主义理论之间存在着一定的耦合性，这也是诸多学者将建构主义理论作为项目制教学理论支撑的重要原因。

2. 情境学习理论与建构主义理论的差异

情境学习理论的提出比建构主义理论要晚，是由美国加利福尼亚大学伯克利分校的让·莱夫(Jean Lave)教授和独立研究者爱丁纳·温格

① 胡斌武，吴杰. 建构主义教学论述评[J]. 电化教育研究，2002(7)：11.

② 肖卫兵，吴景松. 试论建构主义课程观[J]. 苏州教育学院学报，2004(2)：45.

③ 陈威. 建构主义学习理论综述[J]. 学术交流，2007(3)：176.

(Etienne Wenger)于1990年前后提出的一种学习方式。他们在《情境学习：合法的边缘性参与》一书中阐述了“情境学习理论”的核心思想，提出了三个核心概念：“实践共同体”(community of practice)、“合法的边缘性参与”(legitimate peripheral participation)、“学徒制”(apprenticeship)。在他们看来，学习不仅是一个个体性的意义建构的心理过程，更是一个社会性的、实践性的、以差异资源为中介的参与过程。学习者通过参与某一共同体(即通常所说的“圈子”)的实践活动，习得共同体的社会文化，获得共同体认可并被接纳成为其中的一员，这个过程要求学习者和学习情境进行互动、学习者与学习者之间进行互动。在他们看来，学习应该具备两个原则：第一，在知识实际应用的真实情境中呈现知识，把学与用结合起来，让学习者像专家、师傅一样进行思考和实践；第二，通过社会性互动和协作来进行学习。

在莱夫和温格看来，知识并非抽象的、去情境化的符号表征，同样的符号表征在不同的情境下，所表露出的含义往往是不同的。知识具有“情境性、动态性、互动性、工具性、分散性、共享性”特征。① 基于对知识的社会性和情境性的认识，他们提出，学习的本质就是对话，在学习的过程中所经历的就是广泛的社会协商，而“学习的快乐就是走向对话”。

综上所述，情境学习理论并不排斥建构主义理论，它承认主体对事实知识的建构性习得，但在习得的主体和习得方式上，情境学习理论却不同于建构主义学习理论。首先就习得主体而言，建构主义的学习是个体性行为，但在情境学习理论看来，学习是群体性交往行为。其次就习得方式而言，建构主义将学习看做主体原有的认知体系与知识的符号表征之间的相互作用，而情境学习理论则认为学习是实践共同体内多个主体之间的交互性实践活动。

① 应方淦，高志敏. 情境学习理论视野中的成人学习[J]. 开放教育研究，2007(3)：11-12.

3. 项目制学习——回归情境的交往性活动

通过对比分析可以看出，情境学习理论不仅是对学习行为得以有效发生的理论阐释，更是一种学习的策略。① 大足实幼为实现幼儿的“自在生长”目标，启动项目制教学改革，强调幼儿为中心的探究式学习，即幼儿与教师共同创设情境，开展游戏活动，在活动中发现主题目标。同时，每周五上午在全园开展“小脚踏踏”游戏活动，将幼儿的身份和角色意识、完整的生活经验，以及认知性任务回归于真实的、融合的状态。大足实幼项目制家长课程的目的是为了让家长成为合格的家庭教育者，其方式是跟随和陪伴，与孩子共同成长。因此，它延续了幼儿的项目制教学改革，同样强调“情境性”下，以学习者为中心的交往性实践活动(即项目)。可见，大足实幼进行的“小脚丫”系列项目制教学改革，须依托并研究情境学习理论，方可推动教学改革更加深入地推进。

三、课程论的起点

作为课程体系，幼儿园项目制家长课程的开发必须合乎逻辑性，遵循科学性，这就有必要从课程论的视角来谈谈幼儿园项目制家长课程的开发思路和设计理念。

1. 博比特及其课程论思想

只要谈及课程的开发，就无法绕开约翰·富兰克林·博比特(John Franklin Bobbitt)和拉尔夫·泰勒(Ralph Tyler)师生二人。许多学者将1918年作为现代课程论研究的起点，因为这年博比特出版了他的专著《课程》(*Understanding Curriculum*)，课程论作为一门独立的学科得以出现。②

博比特接受了英国哲学家、教育学家斯宾塞(Herbert Spencer)的思想，认为“教育为未来生活作准备”，反对传统精英教育的思想，认为教育“是现实世界中能产生实效的实践行为”。教育的目的在于训练合

① Jean Lave, Etienne Wenger. *Situated Learning: Legitimate Peripheral Participation*[M]. Cambridge: University of Cambridge Press, 1991: 40.

② John Franklin Bobbitt. *Understanding Curriculum*[M]. New York, NY: Peter Lang Publishing, 2004: 70.

格的公民，它不仅仅是为了那些抽象的科学知识，更是要让他们在把控现实情形时有效地利用这些思想……而这些思想只有参与到人类的生活经验中才能培养出来，仅仅记住那些关于事实的语言陈述将是徒劳的。① 他批评传统的教育一直注重培养学生“复制事实”的能力，而缺乏“在活生生的现实生活中思考、体察、产生意愿，并切实采取行动的能力”。② 因此，学校里开设“工作活动就是为工作作准备的唯一可能的正规方式……学校里将工作做好，这种未来的转型就算是完成了(尽管这样做比较困难)”。③对幼儿来说，游戏活动是最好的教育模式，是进行社会教育的活生生的方法。④

在博比特看来，零散、无序的活动无法实现对学生的教育，“人类生活，无论种类多么复杂，其组成部分都是各项专门活动的完成”。教育既然是为未来生活作准备的，那么教育活动就应该思考未来的生活需要哪些能力、态度、习惯、鉴赏力和知识，课程就应该分类将这些“项目”精确、专业地还原到设定的真实场景活动中去。这就是课程的目标，课程就是这样要孩子们和年轻人必须通过完成目标而准备的经验。⑤ 这就形成了课程编制的逻辑，即依据社会对人才的目标要求，依照特定的逻辑框架来进行精确、专业的设计。

2. 泰勒原理和课程开发

基于这个思路，泰勒更加精细化了课程的设计与开发，在《课程与教学的基本原理》(*Basic Principles of Curriculum and Instruction*)中，他提

① [美]约翰·富兰克林·博比特. 课程[M]. 刘幸，译. 北京：教育科学出版社，2017：3.

② [美]约翰·富兰克林·博比特. 课程[M]. 刘幸，译. 北京：教育科学出版社，2017：3.

③ [美]约翰·富兰克林·博比特. 课程[M]. 刘幸，译. 北京：教育科学出版社，2017：18.

④ [美]约翰·富兰克林·博比特. 课程[M]. 刘幸，译. 北京：教育科学出版社，2017：7.

⑤ [美]约翰·富兰克林·博比特. 课程[M]. 刘幸，译. 北京：教育科学出版社，2017：35-36.

出了课程开发的四个基本问题。在泰勒看来，它们正是制定任何课程及教学计划时都必须回答的问题，① 即：

- 学校应力求达到何种教育目标？
- 要为学生提供怎样的教育经验才能达到这些教育目标？
- 如何有效地组织这些教育经验？
- 我们如何才能确定这些教育目标正在得以实现？

这就是著名的“泰勒原理”。泰勒原理提供了课程开发的四方面内容：教育目标、教学内容、手段方法、评价机制。这些内容的逻辑结构，勾画了课程设计的基本框架。对泰勒原理四个问题的不同回答，构成了课程从宏观、中观和微观三个层面课程的设计原理。作为课程开发的基础技术性原理，课程论发展至今，仍然发挥着无可回避的作用。正如瑞典学者胡森等人在《国际教育百科全书》中的评价：“泰勒的课程基本原理已经对整个世界的课程专家产生影响。……不管人们是否赞同‘泰勒原理’，不管人们持什么样的哲学观点，如果不探讨泰勒原理提出的 4 个基本问题，就不可能全面地探讨课程问题。”②大到人才培养方案、课程大纲的撰写，小至一堂课的设计，无不从泰勒原理的逻辑框架展开：

第一，教育目标，即我们需要将教育对象培养成为什么样的人；

第二，教学内容，即我们需要选取哪些内容来达成这些目标；

第三，手段方法，即以什么样的逻辑关系来组织教学内容，并得到有效传递；

第四，评价机制，即需要采取哪些评价手段来考察设定的目标是否已实现。

3. 作为项目制的家长课程的开发思考

项目制家长课程的开发同样需要从泰勒原理的四个方面来思考。

首先，就培养目标来说，幼儿园家长课程的开设是为了培养家庭教

① ［美］拉尔夫·泰勒. 课程与教学的基本原理［M］. 施良方，译. 北京：人民教育出版社，1994：2.

② ［美］拉尔夫·泰勒. 课程与教学的基本原理［M］. 施良方，译. 北京：人民教育出版社，1994：2.

育的教育者，而非单纯的学校教育的配合者、协同者。

在绝大多数人看来，幼儿园作为专业的教育机构，是当之无愧的教学主体，并且应该成为幼儿教育的首要主体，而家长在幼儿的教育过程中处于从属地位，是专业教育的辅助者、配合者。但是，大足实幼认为这种观点并不正确。家长在幼儿（尤其是0~6岁幼儿）教育的过程中应该是处于首要的地位，家长应该是幼儿教育的教育者而非协同者。

从儿童发展心理学的视角来看，0~6岁儿童对家庭、家长存在着极高的信任感和依赖度，这是由血缘关系和长期的共同生活建立起来的，这种依赖度和信任感远高于幼儿园和教师；这就使得0~6岁年龄阶段，家庭和家长对孩子的影响力比幼儿园和教师更高；在学习方面，0~6岁阶段幼儿的学习大多缘自对家长的模仿，因此家庭是孩子的第一课堂，父母是孩子的第一任老师。要想实现对这一阶段幼儿更有效的教育，家长应该在幼儿教育中，承担着优先于教师的教育者角色。但是，受限于家长的知识结构和社会身份，相比教师而言，他们缺乏专业的教育理念和方法，需要通过家长学校来完成相关知识和技能的学习和积累。

其次，就教学内容来看，与传统的课程依据知识的内在逻辑体系组织起来的理论体系不同，项目制课程以学习者的活动经验为中心。经验可以根据培养目标细化、具体化为不同的主题，最终以项目的形式呈现。正如博比特所言："以科学主义为取向，通过对人类经验、职业活动的分析，实现目标的具体化、标准化，反映了科学时代要求精确性和具体性的精神。"①

陈鹤琴先生在《家庭教育》中展现了"陪伴教育"的重要性。作为一个家庭教育者，需要学会以朋辈的身份陪伴幼儿共同成长。这一目标可以细化、具体化为四个阶段：重新认识孩子、回归孩子、跟随孩子、陪伴孩子。这也就形成了项目制家长课程的四个主题任务，家长课程的内容必须围绕这四个任务进行选择、组织。

① 汪霞. 课程研究：现代与后现代[M]. 上海：上海科技教育出版社，2003：24.

再次，对方法手段而言，项目制一反传统课程的以教为主，通过真实情境下的实践活动完成学习者的“学”。在进步主义者看来，传统课程是一种封闭式的教学模式，在此模式下，知识被看做永恒的、静止的。大足实幼反对这种观点。杜威认为过去的知识是无法解决未来的问题的，知识并非永恒、一成不变的，它处在不断发展的过程之中，只有通过学习者切实的经验知识才能发挥作用。学习应该是开放式的，“是一种共同交流经验的方式”,① 在交流中学习者才能够探索、发现、评价知识。博比特认为要维护每一个学习者亲身体验、反思的权利，惟其如此，才能培养出既可以独立思考，又能与他人协作的个体，而这些在项目活动的实施中都能有效达成。

最后，在评价机制方面，评价是使得课程形成闭合的关键环节。作为“小脚丫”系列教改之一的“项目制家长课程”主要指向教育的手段和形式，试图建立起以“学习者”为中心的开放式课程体系。这就需要建立起更为灵活的课程评价体系，以适应开放的课程体系。新的评价体系应该具备以下原则：

开放性原则，即评价体系的非标准性、评价结果的延展性。也就是说，新的评价体系不能建立在标准化评价模式之上，评价的结果并非最终结论，其结果可以引发课程参与者的共同探讨，要有利于课程的持续改进。

多元性原则，主要表现在评价主体的多元性、评价手段的多元性。

就评价主体而言，大足实幼除了让幼儿园的学生、参与课程的家长、教师、行政管理人员参与评价课程外，还让推广项目制家长课程的姊妹园教师和行政人员、课程专家、政府相关机构、社会第三方评价主体(包括关心大足实幼的相关社会人员和机构)等参与进来，从不同视角协同参与大足实幼的这项教改评价。

就评价手段而言，作为一次教学改革的尝试，大足实幼并非局限于传统的评价手段和方式，而是融合了多类综合的评价。在评价过程中除

① ［美］约翰·杜威. 民主主义与教育[M]. 王承绪，译. 北京：人民教育出版社，1990：92.

采用问卷法、访谈法等传统手段外，还运用了质性研究方法，对在园的家长均进行了长达三年的追踪性观察、测评，获得了较多的第一手数据和资料，为评价的真实性、客观性、科学性奠定了扎实的基础。

协商性原则，即教育教学评价的标准并非预先设定，而是评价过程中在评价主体的不断协商下逐步形成。

传统的标准化评价属于预定式评价，其评价标准遵循泰勒原理的“目标导向模式”。也就是说，在评价开展之前其评价标准就已经设定，标准依据目标而设定，设定者往往是“第三方专家”而非课程的参与者，评价的过程围绕标准而展开。与其不同，项目制家长课程作为开放式课程，采用非预定式评价模式。也就是说，课程的评价标准并非(也不可能)先于实践活动而设定，因为基于“学习者中心论”的开放式课程坚持“教育无目的论”，其课程目标是在课程的参与者共同协商下产生的。因此，“非预定式评价标准是由评价者与评价对象双方共同承担发展目标的任务，旨在最终的发展，不是为了下一个简单的结论，因此需要双方协商评价标准、评价计划”。①

简单来说，预定式评价标准设定在评价之前，由第三方专家制定；非预定式评价标准产生于评价的过程中，并且由评价者和被评价者共同协商产生。

总之，作为大足实幼“小脚丫”系列教学改革之一的项目制家长课程体系改革，其试图在教学手段和方法上突破传统的“三中心”教学模式，将单向的以教师为中心的“教”向围绕“学习者为中心”的“学”的转变。课程基于学习者的“情境理性”，通过模拟真实“情境”为学习者的交往行为提供条件，让学习者在“交往行为”中获得自主性学习的技能。简言之，项目制家长课程就是试图探索教师、学习者(家长、幼儿)如何通过实践活动学会“学习的技能”，而在这种开放式的实践活动中，学会如何设计项目、设置“情境”开展活动，是其中的关键。

---

① 史晓燕. 教师教学评价：主体·标准·模式·方法[M]. 北京：北京师范大学出版社，2020：84-85.

第二节　项目制家长课程教学模式的模型框架

项目制家长课程教学模式的模型框架见图 3-1。

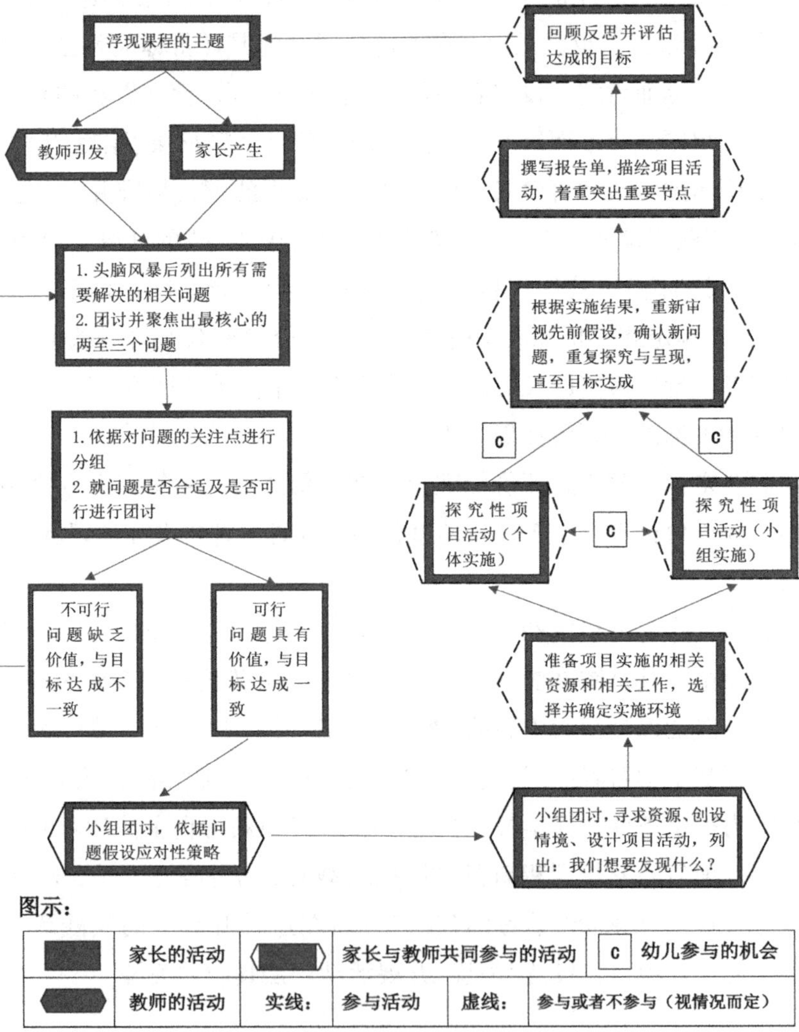

图 3-1　家长项目课程的流程图

第三节　项目制家长课程教学模式的实施途径

项目制教学模式作为当代较为流行的活动课程教学模式，被诸多的教育者应用到了从基础教育到高等教育的许多课程领域。大足实幼创造性地将项目制应用到学前教育课程领域，并延伸至学前儿童家长的课程教学中。为了能够在教学过程中更好地运用项目制进行有效教学，有必要对项目制家长课程教学模式的实施途径进行具体探讨。这部分内容可以从该教学模式的适用性范围和使用时应该注意的关键环节、因素等两个方面来进行考察。

一、项目制家长课程的适用性范围

在人类教育发展历史的全过程中，人们一直在不断探索更加有效、可行的教育理论来指导教育实践，并且也希望找到能够一以贯之的教学模式来简化教学的形式。但迄今为止，这样的教学模式并未出现，每一个教育理论和教学模式都有其优缺点，都有其适用范围。借用亚里士多德的话来评价当下的教育教学模式，那就是“没有最优的，只有最适合的”。① 同样，作为大足实幼教学改革中探索并推行的“小脚丫”系列项目制家长课程亦并非普适性的，不能将它贯穿于幼儿园家长教学的任何科目和任何教学环节中去。所以，在运用项目制教学模式开展家长学校的教学工作时，首先应当考虑的是，在哪些环节使用项目制教学，哪些环节需要灵活使用。

（一）对“适用性”选择的原则

既然没有哪种教学法是普适性的，那么在教学过程中，幼儿园、教

① ［古希腊］亚里士多德. 政治学［M］. 吴寿彭，译. 北京：商务印书馆，1998：374.

师选择教学方式、方法时需要考虑哪些方面的内容，或者说选择的过程中，需要参考哪些原则或标准？就项目制课程教学模式来看，我们认为需要从以下几个方面进行考虑。

1. 效率性原则

所谓效率性原则是指在教学方式的使用上要使得课程学习效率最大化，即课堂的有效性。课堂的有效性向上可以追溯到20世纪70年代巴班斯基的"教学过程最优化理论"，他指出："教育同任何其他社会实践活动一样，既要讲求效益，又要经济，即要在尽可能地节约时间、精力和经费支出的同时，取得在可能范围内的最大效果。"①"有效课堂"是近些年一些教育学者在巴班斯基理论的基础上提出的教学观点，该观点的前提有三：

- **学习者的懒惰性；**
- **时间的有限性；**
- **教育的经济性。**

在研究者看来，绝大多数学习者生性爱偷懒，在没有强制性的要求下，在课堂之后，学习者是不愿意学习的。在此情况下，课堂教学的时间就是非常有限的了，那么如何在有限的时间内使学习者的学习效率最大化，即如何让学习者在最短的时间内习得尽可能多的知识，这就是有效课堂的研究方向。

在这里，"有效性"的内涵包含了教学方式的有效性和知识获得的有效性两方面。前者是对教学过程的考虑，后者则是对教学结果的评价。对教学方式来说，要想实现有效性，就必须首先考虑学习者学习的心理过程，即知识的习得和技能的培养的心理学机制。这就要求教师从教学法的视角思考，采用哪种教学手段和教学方法与之相匹配，从而提高学习者的学习效率。

---

① ［苏］尤·克·巴班斯基. 教学过程最优化——一般教学论方面［M］. 张定璋，译. 北京：人民教育出版社，2017：2.

2. 特征性原则

特征性原则(又称属性原则)，即在课程教学中教学方式的采用需要考虑学科或课程自身的特征(属性)，根据课程或学科的内在逻辑来采用与之配套的教学方法。所谓特征(或属性)就是使得事物成为它自身，并区别于其他事物的规定性，这种规定性赋予了事物自身独有的特性，即根本属性。不考察和认识事物的特征(属性)就无法做到对事物的尊重，更不用说运用和推动事物的发展了。就学科体系而言，每个学科都有其自身知识的内在逻辑框架，它们共同构建起学科知识的独立体系，从而展现其学科的独特性。这些独立的特性使得它们与学习者的心理认知之间搭建起关联性的方式也就存在着差异性，这就需要采用不同的方式来建立二者之间的联系，这就是所谓的学习法(或教学法)。因此，加深对课程、学科特征(属性)的认知是建立课程论和教学法之间根本性联系的最简单、最直接的方式了。这种关联性，也就要求教育学在发展过程中必然分化出教学法的研究分支。而当代教学法的研究从对于教师如何通过“教”的方式来建立知识(或技能)同学习者认知之间的联系，转变为研究如何通过学习者的“学”的方法来建构这种关联性。

3. 操作性原则

操作性原则是指在教学法的选择上要便于教师的教学或者学生的学习，即有利于课程开展和实施的有效性。如果说，前两个原则是任何课程模式选择教学法时需要考虑的普遍原则，那么针对活动课程的项目制课程而言则具有较强的特殊性。操作性原则是依存于前两种原则的，是对前两原则的延伸和具体化。

首先，课程(或学科)教学要具有操作性，就必须充分考虑课程(或学科)本身的特有属性。大足实幼开发的项目制课程教学是基于“游戏”教学的活动课程，这就使得课程的设计需要认真考虑课程实施过程的“活动”特性。尤其是这种活动是由学习者自发组织和开展的，就更应该考虑学习者在参与活动中的操作性了，也就是说，在设计活动时首先要考虑学习者是否具备活动开展的各种条件(包括知识储备、物质基础、实施设施等）。如果不具备条件（或者无法创造条件），则课程的可操作性就较差，或者说不具备课程开展的可能性，此时就不能选择项目制课程。

其次，可操作性要以效率性为目的，保证课程开展的有效性。任何课程教学方式的选择其实都是多元的，但是效率性原则要求在教学方式选择上要择优考虑，即有利于课程的开展或对那些可操作的教学方式、方法要优先考虑。从这方面来看，可操作性强调了教学方式、方法选择的便利性和优先性。

4. 灵活性原则

该原则可以说是对前三个原则的补充，是教学方式、方法选择多样性的体现。即在选择教学方式、方法的过程中，需要根据课程（学科）特性、学习（教学）需求、学习者心理特征等多种因素，变换使用不同的教学方式、方法，或者混合使用各种教学方法于不同的教学环节之中。

都说教学是一门艺术，教学的艺术魅力在于让枯燥乏味的学习变成一种享受；而这种转变的实现就落在教育者（或学习者）对教学方式、方法的灵活运用上。当然，灵活性的实现要基于对特征性有效把握的前提之上。换言之，教学过程需要基于多元因素特征的差异性，分别运用不同教学法于不同的教学阶段或教学环节之中。

就项目制课程（或教学）的选择而言，灵活性决定了以下几个问题需要重点思考：

第一，是否需要采用项目制活动课程来进行教学；

第二，项目制教学可以被运用于教学过程的哪些内容或者哪些环节；

第三，哪些教学方式与项目制进行混合使用，能让教学更加有效。

总而言之，在项目制教学方式的选用过程中，有效性原则是目的，特征性原则是依据，操作性原则是标准，灵活性原则是灵魂，四者共同决定了课程（学科）教学法的选择。从全国范围来看，各省市幼儿园在家长课程教学模式的选择上各有差异，选择的理由也千差万别，但从根本上说，家长课程教学模式的选择应该符合幼儿园的办学理念和具体实际。

（二）大足实幼选用项目制家长课程的相关思考

从前述分析可以看出，大足实幼在家长课程教学模式的确定上也并非一蹴而就，同样经历了一个探索、发展的历程。回首观望，项目制家长课程教学模式的选择大致基于以下思考。

1. 大足实幼的办园理念

学前教育阶段的教育自主性相对较大，国家对其的要求大多是原则性的、目标性的，这就使得幼儿园的办园理念在办园过程中显得尤为重要，它指导着幼儿园办学的总体方向和对幼儿的教育方式。

大足实幼确定以“小步行走，自在生长”作为办园的理念，该理念的核心内涵就是：要以孩子为中心，尊重孩子身心发展的规律，尊重孩子的自主性发展，让孩子获得稳步成长。其中“以孩子为中心”是关键，自主性发展是目的，这就需要采用一种能够充分调动和培养学生自主性的课程模式。在大足实幼看来，实践活动课程最便于保障孩子在课程中的中心地位，而且有效的活动设计更有利于孩子自主性的发挥和培养。对此，大足实幼尝试改革幼儿园的教学模式，以更多的活动课程代替传统的课堂教学，这就是后来的“小脚丫”系列教学改革。在“小脚丫”教学改革的深入推进中，她们认识到如果想要消除“5+2”“白+黑”对学校教学的障碍，那么孩子的活动课程模式不仅要应用于课堂教学，还应该延伸至课堂教学之外，进入社会，进入家庭，尤其是家庭；幼儿园需要家庭协同的教育，惟其如此，才能避免不必要的对冲。而家长课堂无疑是与家长进行有效沟通，并保证家庭教育与学校教育同向同行的最佳形式。但是问题又来了，采用什么方式对家长进行教学呢？几经探索，她们认为家长课程需要与孩子的课程保持一致性，这样既有利于家长了解幼儿园对孩子的培养方式和教育理念，又能够让家长在实践活动中掌握教育孩子的知识和技能。

2. 家长课程本身的特点

首先，家长课程具有碎片化的特征。无论当前我们如何强调家长学校的重要性，如何给家长和家长课程定位，但无法改变的是，它作为业余学校的地位。毕竟绝大多数家长都有自己的工作要做，这也就决定了家长们只能抽出自己工作之余的时间来接受家长学校的教育，这是当前家长学校无法回避的难点，也是幼儿园设立家长学校开设家长课程必须要考虑的基本现实。利用业余时间使得家长的学习充满了不确定性和碎片化，家长因此无法有效地学习系统的学前教育知识，而以专题活动的形式来组织家长课程对家长而言是最为有效的学习方式。家长通过完成项目任务而获得知识和技能，每次课程内容之间既有一定的相关性，又具有各自的独立性，即便家长不能保证每次都能参加家长课程的学习，但也不会因上次的缺课而影响到后续的学习。这是当前碎片化教育的显著特征。

其次，基于家长课程有效性原则的考虑。家长在家长学校的学习中掌握更多的育儿技能和育儿理念远比系统地学习教育学的理论和知识更为重要，即便是部分理论认知的获得，家长在实践活动中所获得的体验和感悟也远比枯燥的理论教学和说教所形成的认知更为深刻。因此，在经过长期的教学探索后，大足实幼发现，在现实的家长教学中以实践活动为主的家长课程远比传统的理论灌输形式的教学更能让家长接受。据幼儿园对家长、幼儿的问卷调查的统计，教学模式转变后，家长参加亲子活动、家长课程的意愿更加强烈，有60%以上的家长认为自己对孩子的了解度有所增长；70%的家长反馈自己与孩子的关系更加亲昵，孩子更愿意与自己交流；68.7%的家长认为自己在教育孩子方面更加得心应手；86.8%的家长更愿意参加孩子的活动，并且回家后愿意花更多的时间陪伴孩子。

3. 项目制教学的特点

项目制课程的本质是活动课程，对学龄前儿童来说，项目制教学是一种特殊的游戏教学。一直以来，学前教育专家都认为“游戏”是对学龄前儿童最佳的教学手段和方式。尽管玛利亚·蒙台梭利（Maria Montessori）并不认同这个观点——在其看来，“工作”是比“游戏”更能全面培养孩子的手段。① 但是从蒙台梭利对“工作”的诠释来看，她的“工作”实际上也是一种实践活动。之所以她认为“工作”比“游戏”更能推动孩子的发展，是因为在她看来，“游戏”是无序、杂乱而无意义的，“工作”则是孩子能够融入未来生活的必要活动，是对未来社会工作的模拟（当然从这个视角来看，其实工作也是幼儿的一种游戏，是更广义范围内的游戏）。毫无疑问，活动课程是对孩子进行教育的最优方法和手段。蒙台梭利曾指出，在教育活动中，儿童是主体，是中心，儿童全神贯注地从事各自的“工作”，独立操作、自我发现、自我教育和发展，教师则是儿童活动的观察者和指导员。②

在大足实幼看来，项目制是一种更为特殊的活动课程。这类活动课程以相对独立的项目任务为目标，在教学过程中，主题的生成，项目任务的设计、实施均由学习者组成的团队自主完成，教师只在方向把控、教学组织和资源提供等方面给予必要的帮助和指导。这个过程无疑以“学习者为中心”，更有利于学习者的自主学习能力、独立思考和探索创新精神的培养，真正让学习者从学习的客体变成了主体。这种方式不仅可以满足活动课程的教学，也在一定程度上适应理论知识的教学；不仅符合儿童心理发育特征，适合对儿童认知发展的教学，也同样适应于差异多变的家长群体特征，便于进行家长课程的教学。

4. 家长的群体特征

尽管随着国家教育普及的不断提升，我国家长的整体素质有所增长，但是受家长所学专业、专长的影响，家长之间的差异性仍然比较明

① ［意］玛利亚·蒙台梭利. 蒙台梭利幼儿教育科学方法［M］. 任代文，译. 北京：人民教育出版社，2016：23.

② ［意］玛利亚·蒙台梭利. 蒙台梭利幼儿教育科学方法［M］. 任代文，译. 北京：人民教育出版社，2016：23.

显，加之每一个家庭孩子的具体情况又各不相同，采用一以贯之的教育模式和教育手段进行教学，显然不适合当前的家长学校。而要根据每一位家长对知识的需求和接受能力采取差异化的系统理论教学，这在传统教学看来几乎是不可能的事情。相对而言，以学习者为中心的实践活动课程教学就更容易实现这种可能。毕竟，活动课程以家长为中心，他们可以根据预期目标，结合自己的需求来设定活动情境，积极探索和体验对孩子的教育，最终有所感悟、获得认知。在实践活动中，自始至终家长都可以根据自己的需求、认知水平、认知结构来“订制”活动，让活动更加适合自己对知识(技能)的获得；这样一来就更能体现对家长和家庭差异性的尊重，更有利于对每一位家长的因材施教。

同时，以项目制任务的完成来限定活动课程的预期目标和方向，这样可以有效地避免因以家长的个体为中心所带来课程发展的随意性和无序性，让家长课程始终处在幼儿园的指导范围内，从而构建起家长课程的体系性。

5. 灵活处理项目制教学与传统教学之间的关系

基于效率性原则，在家长课程的教学过程中并不一定自始至终都使用项目制进行教学，项目制教学因其特点更适合活动课程的设置，而在一些元初知识的认知部分和前置性的理论知识部分则由教师进行讲授显得更为合适。

例如，在教家长“儿童行为观察”这部分内容时，幼儿园设计了一个家长的活动课程，这个课程是依托幼儿的活动课程“玩树叶”来进行的。幼儿园教师邀请家长作为旁观者(在对儿童游戏活动不作任何干涉的前提下来对活动进行观察)来参与本次活动，但是问题来了：在这次活动中家长需要回答以下问题：

- **为什么要观察儿童行为？**
- **观察儿童的哪些行为？**
- **如何观察他们的行为？**
- **对他们的行为观察完之后，家长又要做些什么？**

有关这些问题的理论知识就属于前置性知识，而这些知识对于那些没有专业基础的家长而言，则很难通过活动课程获得，这时就需要通过教师的讲授来奠定相关的认知基础。

因此，大足实幼主张在项目制的实施过程中可以灵活地根据实际情况混合使用其他教学方法和手段，如此一来可以让课程学习变得更加有效。至于使用哪种教学方法和手段，则由课程的特性来决定。例如，针对活动课程使用项目制教学可以收到较好的学习效果，而对于一些理论性课程来说，讲授法则可以提高学习效率。在同一个教学过程中，也可以根据教学内容的特性分别在不同的环节设置项目制学习和其他形式的学习活动，如在团讨、研讨、分享交流等过程中适当地介入其他的学习方式，学习效果会更好。

总之，每一种教学(学习)方式都有其优缺点，项目制教学(学习)也不例外，教学过程以学习者的学习效果的最大化为最终评价标准，因此在教学的整个过程(或环节)中应该根据课程的不同特性，采取最优的教学(学习)方式来满足学习效果最大化的需求。

二、项目制家长课程的关键环节

在当前大足实幼的教学模式实施中，项目制家长课程作为主体的教学模式被应用于教学之中，为了更好地发挥该模式的最大效率，在其实施路径上应该注意一些关键性环节。

(一)团讨

前文的阐述显示，“以学习者为中心”的学习模式具有偶发性，从而可能导致课程缺乏系统性、目的性，大足实幼通过在项目制家长课程的设计中增加团讨环节来避免(或减少)项目制家长课程受到偶发性因素的影响。

团讨，是集体研讨的简称，项目制往往是以小组方式进行的，以分组方式组织团队讨论是实现团队协作推动项目进展的重要手段，在团队讨论中要求每一位参与者都要贡献自己的意见，并在小组内充分协商、形成决策，这是“学习者为中心”的重要体现。可见，团讨的目的是让家长充分参与，在参与的过程中家长才可以体验、感受、思考、探索，从而培养起家长的自主学习能力，并在活动的参与中获得育儿的知识和技能，它是项目制家长课程得以实现的重要环节。课程设计者在使用团讨时，需要注意以下几点因素。

1. 团讨的设置要恰当

团讨是项目制家长课程实现集体化决策的重要手段，它要求家长充分参与、协商决策，因此，团讨应该被有效设置于项目设计的关键性环节、决定性环节。

首先，所谓关键性环节是指那些能够影响到项目活动走向的目标性环节。在家长课程活动的设计中，主题问题的设定、活动设计方案的确定、总结反思内容的汇总这三个方面是项目制活动中最关键的环节，它们直接决定了研究的方向、活动的实施、知识的归纳，也直接影响到项目的起点、承续和终结三个部分的走向，这三个环节的决策幼儿园都是通过团讨来实现的。

其次，决定性环节是指那些具有决策性意义的环节。因为是以小组为单位来进行项目制活动，出现“集体性选择障碍”在所难免；也就是说，在项目制课程的全过程中经常会出现一些存在多元选择的环节，这些环节往往存在着争议的风险，如果不能有效整合，形成统一意见，就会影响项目过程的推进，如果争议过大甚至会导致项目的流产。例如，头脑风暴中对提出问题的整合、项目实施策略的提供、项目实施保障资源的提供、情境的选择与设定等，这些部分既需要团队的集思广益，同时也会因为个体的偏好性、主体思维的差异性，从而出现“集体选择的不可能”，这时运用团讨，进行逻辑陈述和理性说服就显得尤为重要。

2. 团讨的目标要明确

团讨话题散漫无目的、议而不决，是团讨过程中要重点防范的问题，这就要求团讨的目标要明确，即便是头脑风暴阶段，也需要围绕主题展开。

首先，团讨前要确立团讨的主题，主题应该反映本次教学的主要目标、总体目标。在泰勒看来，目标是教学的起点，决定了课程教学的方向及所要完成的任务。作为项目制的课程，明确的主题是必不可少的，因为它决定了项目任务的确定。因此，确立主题，围绕主题展开团讨是项目活动设计的重要前提。这个主题可以由教师提出，也可以在家长团队中产生，主题可以是家长最感兴趣的问题。

其次，目标一定要具体化。总体目标往往是宏观性的、方向性的，很多时候是抽象的、不可操作的。然而，项目活动的设定是具体的、可操作性的，这时候就需要将总体目标具体化为一个个子目标。子目标要由家长通过头脑风暴的方式来提出(注意：这时候每一位家长都必须贡献至少一条自己的观点)，然后以小组团讨的方式筛选、凝练形成具体的子目标，子目标要具体，便于操作。团讨的过程中，每一位家长都要充分表达自己的意见，以便后续的协商、博弈及子目标的筛选和凝练。

3. 团讨的参与对象要多元

团讨除了要体现家长全员参与的公平性外，还需要保证团讨结果的客观性、科学性、系统性，显然，这点由家长群体单独完成是无法实现的，这就需要多元主体参与。这个多元主体除了家长外，还可以是教师、相关专家甚至第三方志愿者等。当然，主体的多元性，不能冲击“学习者”的中心地位和主体性，其他主体在团讨的过程中仅是参议性的，可以看做家长的“亲友团”“智囊团”，是为家长们出谋划策的，仅列席团讨，不具有决策权。

4. 团讨的结果要可执行

团讨的目的既是让学习者充分参与从而培养学习者的自主学习能力和探索创新能力，同时更是促成对项目活动的集体决策，作为活动的决策，就必须具有可执行性。因此，在项目制家长课程的实施过程中，凡经过团讨的部分，都必须以决议的形式列出团讨结果的实施方案，毕竟项目制课程目标需要通过具体的活动来实现。

(二)情境设置

情境设置是项目制家长课程能够得以实施的重要前置性条件，毕竟学习只有在恰当的情境中才能有效推进。尽管传统的教学活动也强调设置“教学情境”的重要性，但是这种“情境”是教师创设的，学生在这种“情境”中处于被动地位，且这种情境是否与学生的认知相契合也不得而知；项目制学习活动的情境是开放式的，是由学习者主动设置的，学习者是情境的创立者，是主体。在项目制家长课程中，学习者在自身设定的情境中开展实践活动，从而培养起学习者学习、探索的自觉能力。在项目制家长课程情境的设定中，课程设计者同样需要关注设置合理情境的基本原则。

1. 生活性原则

斯宾塞认为教育就是“为未来完满的生活作准备”。① 因此，教育的主要任务是教会人们怎样生活。杜威也主张教育应以生活为中心，要基于生活情境，反映生活，在真实生活的活动中获取知识的信息，学会生存的技能。总之，在进步主义者看来，学习者所学的知识应该是缘自生活的经验，因此，学习的过程就应该是模拟真实的生活情境，让学习者处于最接近真实生活的情境之中。

项目制家长课程要教会家长教育孩子的能力，就必须将家长置于孩子真实的生活场景中，让家长直面现实生活中孩子的真实问题。因此，在项目制家长课程中，课程参与者在设计项目情境时需要遵循生活性原则。

---

① [英]赫·斯宾塞. 斯宾塞教育论著选[M]. 胡毅，王承绪，译. 北京：人民教育出版社，2017：4.

2. 实践性原则

项目制家长课程的本质是开放式实践活动课程，其目的是学习者(家长)在项目的自主性参与中学会向“家庭教育者”的转变。为此，情境设置就要适合于实践活动的开展，要有利于学习者的操作。

3. 目标性原则

即情境的设置要有利于预期目标的达成，这就需要设置合理、有效的问题，以问题为导向，有计划、有针对性地推进项目活动的展开。

众所周知，家长参加学习的时间是有限的。针对这个问题，大足实幼在每次项目制家长课程的开展中，都会通过小组团讨，确立本次课程学习的总目标，然后引导家长根据项目小组中家长的需求和认知状态，将总目标具体化为多个子目标，从而让家长明确本次课程需要学习什么，如何学习等。如此一来，就大大提高了家长的学习效率。

4. 开放性原则

所谓开放性是指项目制家长课程并非由幼儿园(教师)预先设定，每次课程的内容、活动设计、结果获得等都由家长组成的项目小组团讨、研究、探索来形成，幼儿园(教师)只在方向的把握和必要的专业知识、物质资源的提供上给予相应的帮助。

首先，课程内容是开放的。每次课程前，幼儿园只提供本次课程的项目主题(有时甚至主题的产生都由家长来提出)，至于设置哪些具体目标问题，设计什么活动方式来展开对主题的研究，则由项目小组通过团讨来确定。

其次，目标问题回答的开放性。项目制家长课程是一种体验式、探索式的学习模式，该学习模式的目标指向并非知识，而是学习者自主学习的能力和问题解决能力。受个体认知差异性的影响，不同学习者体验和探索所获得的结果也不尽相同、各有差异。再者，回答结果的开放性还表明，初次探究结果并非终极结果，学习者可以根据初次探究结果做出更进一步的研究和学习。

最后，评价体系也是开放的。开放的评价体系意味着：

- 评价主体应该是多元的；
- 评价方式并非单向度的；
- 评价内容应该是多视角的；
- 评价过程应该是多样的；
- 评价的结果能够引发学习者后续更多的思考和探讨。

（三）记录与反思

传统项目制课程研究者认为，项目制课程主要适用于以实践活动形式来进行技能训练的课程，而对基于智力和思维培养的理论型课程来说项目制课程就显得捉襟见肘了。在他们看来，项目制学习以技能训练为目标，学习者一旦获得技能，教学即结束。大足实幼并不认同这种观点。她们认为对学习者而言，任何技能的学习只有上升为抽象的理论，才能深入技能的本质，让学习者举一反三，获得真正的知识。因此，项目制家长课程不能仅以技能训练为目标，还需要对项目活动理论的升华和探究。因此，大足实幼在开发项目制家长课程时，增加了活动记录与归纳反思两个环节，来实现活动的理论化。

1. 活动记录

活动记录是对项目活动中的关键性信息和数据的记载和还原，这是后期分析、抽象的前提和基础。根据后期分析的不同需求，活动记录可以采取陈述式记录、问题式记录、列表式记录等。

首先，陈述式记录又称描述性记录，是依照时间顺序对活动的全过程进行叙事性描述的记录方式。这种记录一般在活动结束后，通过参与者的回忆再现活动的全貌，记录既可以详尽描述活动的全部内容，也可以概括活动的关键环节并进行逐条分列。这类记录的特点是可以完整再现活动的过程，有助于后期对项目流程的梳理、项目方案的概括、活动方式的评价等。

其次，问题式记录又称探究性记录，即对项目制活动开展过程中出现的问题、困惑和受到的障碍等的记录。一般这类记录应该随时发现，随时记下，问题的描述不一定非常详尽，但是要能抓住问题的关键，凸显问题的特性。此类记录主要用于反思、探究，能够推动项目制学习朝向更深层次，毕竟问题是创新和改良的前提、基础。

最后，如果说前两种记录偏重记录的内容，那么列表式记录则偏重记录方式，即以表格的形式对活动中的关键信息、重要数据进行分列式记录。这类记录要提前准备，先制作记录表格，表格的形式并无固定格式，可以根据记录的内容灵活设计，记录内容可以是活动的流程要点、问题、数据等，记录方式多以要点的形式来进行。此类记录的特点是条理清晰、简洁，逻辑框架明了，有利于后期的数据整理和统计分析。因此，它成为当前幼儿园最多采用的记录方式。

2. 归纳反思

归纳反思的主要功能是对前期记录的信息及数据的整理分析、理论升华和改良推进。这是将项目制从实践活动的技能型学习推向更高层次的理论型学习的重要环节。通过反思学习者可以发现问题，并依据问题进行更深入的探索和更具创新性的研究，从而将学习不断向前推进。这是一个凝练、提升的过程，是从个别案例中抽象出共性规律的过程，即一个归纳的过程。

不可回避的是，对任何实践活动的实施和抽象并非一蹴而就，绝大多数情况下都会有一个反复实施的过程，这就需要学习者对前期活动实施有一个反思、修订的过程。反思是为了发现问题，修订是为了更进一步地推进。因此，反思的设置也是灵活的，并非只在课程结束之后，也可以设置在活动进行的过程之中。为了提升反思的深度、广度，大足实幼多结合团讨的形式，发挥团队的集体智慧来进行归纳。

（四）评价与总结

评价是任何课程开发必不可少的环节，无论是采用传统的“教”还是当代的“学”，都需要评判教学（学习）的价值性，它往往与总结形影相随。在大足实幼看来，传统的评价是闭合式的，是对教学（学习）效果的检验，教育者通过检视目标的达成度来总结教学(学习)的好坏优劣。这种评价体系并不适合当前实施的项目制家长课程，毕竟封闭式的评价体系难以客观、真实而有效地评价开放式的课程体系。因此，大足实幼对项目制家长课程的评价体系做出了较大的调整。

首先，评价的标准不再唯一、预先设定，评价的标准为开放性的，即依据课程开展情况、开展过程中出现的问题，逐步设定评价标准，建构评价体系。

其次，评价方式的调整，即由于评价标准的非预设性，使得评价的方式也不再是线性、单向的，评价的标准、内容可以在评价的过程中由评价者、被评价者甚至是其他第三方共同参与协商而产生。

再次，评价的协商性特征也让评价的主体呈现多元性，多元主体的参与让评价更为客观、更贴近真实。

最后，评价结果的开放性。也就是说，对于开放的课程体系而言，评价的结果不能是终结性的，评价结果应该具有发散性，有利于学习者作更进一步的探索。

总之，传统的教学离不开教学的评价与总结，开放的项目制家长教学也同样需要评价。只是作为开放式、探索式的教学模式，评价体系也应该是开放式的，以有利于引发学习者和研究者更多创新性的发现。

第四章　教育目标的分解和问题的设置

大足实幼项目制家长课程教学改革的目标是切实转变传统的“三中心”教学模式，将以教师为中心的“教”转变为以学习者为中心的“学”，形成基于项目活动的体验式、探索式的开放教学模式，从而建构起项目制家长课程体系。该家长课程体系贯穿幼儿园三年教育的全过程，将培养合格的家庭教育者作为总目标。为达成这个目标，课程设置了重新认识孩子、回归孩子、跟随孩子、陪伴孩子四个阶段，分别教会家长观察、交往、跟随、引导孩子的技能，从而让家长像孩子一样跟随孩子、融入孩子、陪伴孩子一起成长。对此，大足实幼确定了会玩、会教、会养、会学的“四会家长”目标，期望能够协同家长让孩子们“小步行走，自在生长”。

第一节　重新认识孩子

一、为什么要重新认识孩子

(一)真的认识我们的孩子吗

记得在一次全园召开的家长大会上，我们向家长提出了一个问题：

我们认识我们的孩子吗？此时，与会的许多家长都显得非常惊讶，绝大多数家长表示：“当然，孩子是我一手带大的，没有谁比我更了解我的孩子了。”接着，我们继续问，那当我们做与孩子有关的每一件事情的时候，我们是否征求过孩子的意见呢？记住，我们这里说的是“每一件事情”。一些孩子家长表示有时候会征求孩子的意见，更多的家长则困惑，为什么事事都要征求孩子的意见呢？

为什么要征求孩子的意见呢？难道这么小的孩子还会有自己的想法吗？我们如果遵照他们的想法会不会出什么问题呢？反之，如果我们遵照了孩子的观点和想法，对孩子的发展而言又有哪些好处呢？这恐怕是当下绝大多数家长提及这类问题时的共同困惑。那么问题又回到了起点：我们认识我们的孩子吗？

（二）学会观察孩子

学龄前的孩子真的有自己的思维和想法吗？对这个问题的回答，需要我们的家长从观察自己孩子的行为入手。毕竟从语言发展的角度来说，这一年龄阶段的孩子尚不具备用清晰的语言组织自己的逻辑思维来表达自己的观点和态度。但是，不会用语言来表达并不代表他们没有自己的观点和态度。

蒙台梭利认为，儿童应该是教育的主体，教师、家长是儿童活动的观察者、指导员。教育应该建立在较少（或尽量减少）干预儿童主动（或自发性）活动的基础上，教育家、教师、家长应该仔细地观察儿童，研究儿童，了解儿童的内心世界，发现“童年的秘密”，揭示儿童的自然发展进程及规律性；热爱儿童，尊重儿童个性，在儿童自由和自发的活动中，促进儿童精神的和身体的、个性的自然发展。① 在大足实幼项目制家长课程的教学改革者看来，重新认识自己的孩子，是打破家长惯性

① ［意］玛利亚·蒙台梭利. 蒙台梭利幼儿教育科学方法［M］. 任代文，译. 北京：人民教育出版社，2016：45.

认知，准确定位孩子的行为，判断其思维，并有针对性地做出应对策略的重要前提。对学龄前儿童(在这里我们主要探讨3~6岁儿童)行为的观察分析是家长推知幼儿心理活动或心理过程的重要方法和手段。因此，将"重新认识孩子——学会观察孩子的行为"作为家长课程的起点，教会家长观察、分析孩子的行为是转变家长观念，树立科学育儿理念，培养幼儿家庭教育者的开端。

二、什么是儿童的"行为"

(一)什么是"行为"

"行为"就词源学的视角来看，意指受思想支配而表现出来的外表活动。《荀子·非十二子》云："今之所谓处士者，无能而云能者也，无知而云知者也，利心无足而佯无欲者也，行伪险秽而强高言谨悫者也。"刘师培补释："行伪即行为。言所行所言均险秽，与上句利心对文，伪为古通，如《性恶篇》为字均作伪是也。"

从心理学视角来看，行为有狭义和广义之分。赵海燕等人认为，狭义的行为是指那些可以被直接观察、描述、记录或测量的外显性的人的活动，如表情、语言、画画、游戏等；广义的行为包括了狭义的行为，同时还包括狭义行为所蕴含的个体性心理活动或心理过程，即还包含了非可观察的个体动机、思维、情绪、知觉、态度等。①

从社会学视角来看，行为是人类在生活中表现出来的生活态度及具体的生活方式，它是在一定的物质条件下，不同的个人或群体，在社会文化制度、个人价值观念的影响下，在生活中表现出来的基本特征，或对内外环境因素刺激所做出的能动反应。人的行为可分为外显行为和内在行为：外显行为是可以被他人直接观察到的行为，如言谈举止；而内

① 赵海燕，等. 学前儿童行为观察与分析[M]. 重庆：西南师范大学出版社，2019：3.

在行为则是不能被他人直接观察到的行为，如意识、思维活动等，即通常所说的心理活动。

卡罗尔·莎曼(Carole Sharman)等人的教育研究表明，人的行为是可以被观察、分析的：

• 行为可以在自然的情境中观察到；

• 行为发生的时候，可以被记录下来或编码；

• 记录行为的观察者是客观的、无偏向性的；

• 行为的观察需要用清晰、明确的术语来描述，无须或几乎不需要观察者的介入。①

绝大多数人的行为活动是有目的的，通常情况下人的行为活动和心理活动具有一致性，因此通过对人行为的观察、分析可以有效地剖析、推断人的心理活动或心理过程。

(二)儿童“行为”的特点

这里我们谈及的儿童行为是指3~6岁阶段的幼儿在一定目的指向下的一切活动以及通过活动所反映出的心理活动或心理过程。在这里我们采用广义的行为概念，是广义的行为在3~6岁年龄阶段的特定表现。

让·皮亚杰认为儿童的认知发育具有阶段性和连续性特征。儿童的发展是个体与环境交互作用的结果，这个过程是连续的，但是在每一个发展阶段都具有发展的独特性，这种独特性往往通过儿童的行为表现出来，教育者要学会通过观察儿童的行为来了解他们的心理活动。对3~6岁年龄阶段儿童而言，他们的行为具有一些共同的特性。

1. 学龄前儿童行为受限于语言表达能力的发展

蒙台梭利指出孩子的口语是在2~7岁这个年龄期间建立和发展的，

---

① ［英］卡罗尔·莎曼，等. 观察儿童：实践操作指南(第三版)［M］. 单敏月，王晓平，译. 上海：华东师范大学出版社，2008：10-15.

这也是知觉发展的年龄。① 皮亚杰将这一阶段称之为"前运算阶段"，这一阶段孩子的认知与成人有着质的不同。② 首先，这一阶段孩子的动作发育远高于语言发育，更喜欢用行动来表达自己的心理；其次，该阶段孩子的认知是从动作开始的，思维就是操作，是动作的内化，因此该阶段孩子的动作和心理之间具有较高的一致性；最后，该阶段是孩子语言、思维发展的初始阶段，所以这一阶段孩子的动作和语言、思维的表达又存在一定的差异性，会有词不达意的情况出现。

2. 学龄前儿童具有较强的外显性行为表达，但行为动作未完全分化

皮亚杰认为 1.5 岁或 2 岁是儿童出现符号功能的开端，但是真正意义上的抽象"思维"(即"运算"，这是内化了的可逆性动作③)要到 7 岁以后才能逐步建立起来。因此，学龄前阶段是一个好动的年龄阶段，儿童更多是通过外显性行为来表达自己的态度、观点。这就是为什么这一年龄阶段的许多孩子喜欢通过亲吻、抚摸来表达对父母的爱的原因(当然他们也喜欢父母通过这种方式来向自己表达情感)。但是由于"思维"发展的滞后性(即并未形成可逆性动作)，所以这一阶段的行为动作并未完全分化。也就是说，不同的情感会被儿童用同一种动作表达出来。因此在现实生活中，我们常常会看到无论是生气、惊惧抑或是高兴孩子们往往都会用大喊大叫来表达自己的现象。

3. 学龄前儿童有较强的自我中心化行为

儿童把注意力集中在自己的观点和自己的动作上的现象称为"自我

① ［意］玛利亚·蒙台梭利. 蒙台梭利幼儿教育科学方法［M］. 任代文，译. 北京：人民教育出版社，2016：278.

② ［瑞士］让·皮亚杰. 皮亚杰教育论著选［M］. 卢濬，译. 北京：人民教育出版社，2015：5.

③ ［瑞士］让·皮亚杰. 皮亚杰教育论著选［M］. 卢濬，译. 北京：人民教育出版社，2015：5.

中心状态”。这是由于儿童无法将主体与客体区分开来所致，他们生活在一个没有客体的宇宙里，把空间、因果关系和时间都集中在自己身上，这使得他们无法区分自己的观点和他人的观点。①因此，常常可以看到儿童将自己看到或者喜欢的东西“据为己有”的有趣现象；也可以看到，两个孩子为了同一样东西争得面红耳赤、互不相让，即便旁边放着另一个一模一样的东西他们也视而不见。“自我中心状态”会引发儿童情绪上的“自我中心化”，即他们常以自我为中心，不能进行换位思考。此时，我们万万不能将儿童的“自我中心状态”与儿童的品性挂上钩。

4. 学龄前儿童的差异化行为明显，个性较强

每一个儿童都是一个独特的个体，都有区别于其他儿童的独特的行为方式，存在个性化差异。因此，在观察儿童的行为，推知儿童的心理活动或者心理过程时，不能用同样的标准去判断，而应尊重每一位儿童的个体差异，仔细观察每一位儿童的行为，找到其比较稳定的行为方式，从而发现其独特的行为模式。

总之儿童的“知”与“行”之间存在着一定的联系，古今中外的幼儿教育研究者们也都极其关注并致力于探寻二者之间的关系。观察儿童行为，并探究出它与心理活动之间的关联性，是了解并教育儿童的前提基础。

三、如何观察孩子行为

如何观察和观察哪些行为才能获得孩子最为真实的行为和心理认知，恐怕是每位家长最迫切想知道的两个关键问题，这就需要家长掌握观察的相关方法，并有针对性地观察儿童。

---

① ［瑞士］让·皮亚杰. 皮亚杰教育论著选［M］. 卢濬，译. 北京：人民教育出版社，2015：6.

(一)观察的方法①

观察的具体方法有多种，每一种都有其独特性，根据不同的分类标准，可以将观察分为以下几类。

1. 根据观察中控制程度的不同，可以将观察分为自然观察与实验室观察

自然观察，又称现场观察，是在自然的环境中，例如在游戏、教学活动、就餐等过程中对儿童进行观察和研究的方法。这种方法不对观察对象作任何限制，在年龄和性别方面也不作任何要求，但是，观察的结果容易受观察者兴趣的影响，易出现主观误差。

实验室观察是在配置有特殊装备的实验室内，利用专门的机器设备进行观察和研究的方法。这种观察法的特点是：能够严格控制条件，可以重复进行，可以通过特定的机器设备探测到部分不易观察到的情况，获得有价值的科学资料。它的缺点是儿童在实验室环境中往往产生不自然的心理状态，由此导致实验结果有一定的局限性。

2. 根据观察者与被观察者的不同接触方式，可以分为直接观察与间接观察

直接观察是指在现场对正在发生的行为和现象进行观察。观察者身临其境，亲眼看到和听到发生的事情，获得第一手资料。在直接观察中，观察者的感受是直观的、具体的，有助于形成对被观察者的整体认识，适合幼儿教师使用。但是，直接观察也存在一定的局限性。首先，在托幼机构现场，儿童的行为和观察者的感知可能受到周围环境的干扰。其次，在直接观察中，观察者在一旁观察可能会在一定程度上干扰儿童的活动。最后，纸笔记录往往会造成信息遗失，难以完整保存被观察者的行为表现。上述这些因素都会影响直接观察的效果。

---

① 赵海燕，等. 学前儿童行为观察与分析[M]. 重庆：西南师范大学出版社，2019：33-35.

间接观察是通过对对象或行为进行间接的观测，从而获取相关资料的观察。间接观察可分为两类：一类是对物化的行为现象进行观察，例如观察幼儿园活动室中不同图书的磨损程度，据此了解儿童对不同图书的喜爱程度；另一类是以机器或技术手段(如录音、录像等)为中介，间接进行观察。研究者运用录像和拍照的方法将儿童在建构区的活动记录下来，然后进行分析。第一类是通过观察被观察者行为留下的痕迹来获得资料，以进行分析的方法；第二类是为了弥补感官观察的不足而采用的间接手段，在分析时需要不断地展现实况，如反复播放录像内容，仔细观看和分析。与直接观察相比，间接观察能将现场的情况尽可能地保留下来，特别是通过机器设备留存的观察资料可供日后重复观察和分析。

因此，在直接观察的同时，利用现代化的机器设备进行间接观察，可以使观察记录的资料更精确、更全面。

3. 根据观察者是否介入活动，可分为参与性观察和非参与性观察

参与性观察是指观察者在参与被观察者的活动的过程中进行的观察。观察者在与儿童的互动(如幼儿教师带领儿童进行各种活动，父母在家庭中与孩子进行亲子互动，研究者与儿童一起进行游戏)中，倾听和观看儿童的言行，进行记录和分析。在参与性观察中，观察者介入被观察者的活动，不仅能获得具体的认识，而且能够缩短与儿童的心理距离。对儿童行为不理解时，观察者可以随时就想要了解的内容提出问题，进一步了解儿童行为背后的心理活动及其原因。

非参与性观察是指观察者不介入被观察者的活动，以旁观者的身份进行的观察。例如，一个班级的两位教师，其中一位带领儿童活动，另一位在旁观察，这位在旁边观察的教师采用的就是非参与性观察。非参与性观察可以是公开的，即被观察者知道有人在观察自己，也可以是隐蔽的，即在被观察者不知晓的情况下进行观察。有些幼儿园在活动室或其他儿童活动场所设置了摄像头，可以用来进行非参与性观察。

与参与性观察不同，在非参与性观察中，由于观察者不干预、不参与被观察者的活动，只是从旁对正在发生的行为现象进行观察和记录，因此，所得的结论比较客观，操作起来也相对容易。但非参与性观察也存在不足，在非参与性观察实施的过程中，观察者作为旁观者很难对观察现象进行深入了解，不能像参与性观察那样，在遇到疑问时可随时向被观察者提问。另外，非参与性观察还可能受一些具体条件的限制。

当然，无论采用哪种方法来观察，其目的都是能观察到最真实、客观反映儿童内心的行为活动，因此观察者可以“参与”但不能“干预”儿童的活动。毕竟专注力差、易受外界环境的干扰是学龄前儿童心理发展的特征之一，故而大足实幼提出“跟随”“不加干预”是观察和获取真实信息的两个前提要素。只有默默跟在孩子背后，不加干预地任由其游戏、活动，才能让孩子在活动中自发地展现出其最真实的特征。

(二)观察哪些行为

观察是开展幼儿教育的前提基础，掌握观察的方法是幼儿教育者需要掌握的基本素养和技能；而观察幼儿什么，对家庭教育者来说，恐怕有着与观察方法同等重要的地位，毕竟有的放矢的、有针对性的观察是在时间有限的条件下，提高观察效率和效果的重要方法。

1. 观察常规性行为

每一个孩子都是一个独特的个体，每个孩子的行为方式也都各有差异，因此对常规性行为的观察是深入了解孩子，掌握孩子独特性行为的重要方式。

(1)观察的内容

常规性行为观察可以涉及孩子行为的方方面面，如语言发展、情绪变化、走路学步、饮食习惯、游戏活动等都可以作为观察的对象。但是，任何观察都不可能事无巨细、面面俱到，观察的对象要有侧重、有选择，通常在观察对象的选择上会采用优势选择法、缺陷选择法、阶段选择法等。

优势选择法，即针对儿童发展较快、较突出的行为进行跟踪观察，家长在发现并培养儿童的兴趣爱好时往往采用此类选择方法。

缺陷选择法，即针对儿童发育较为迟缓、滞后的行为进行跟踪观察。儿童的行为发育并非绝对均衡，有些行为会滞后于孩子常规发育的参数，此类行为往往会引发家长的担忧，从而进行跟踪观察。

阶段选择法，又称为敏感期观察法。大多数教育研究者都承认儿童的发展是分阶段的：蒙台梭利将幼儿的发展分成9个敏感期，皮亚杰则认为儿童发育要经历四个阶段，弗洛伊德也将人的心理发育划分成五个阶段。不同阶段儿童的行为发育各有差异，错过了这一阶段，行为的发育就显得极为困难。因此，可以根据不同阶段的行为发展，有侧重地观察儿童行为的发育状况。

(2)观察的方式

常规性行为的观察具有延续性的特点，所以对儿童的观察需要采取跟踪观察的方式来进行。常规性行为的观察是其他行为观察的基础，也相当于建立了儿童行为的档案。为了便于后期对比分析，可以采用列表的方式来进行记录(参见附录3)。

2. 观察变化性行为

变化性行为，又称发展性行为，即随着时间的推移，儿童表现出来的行为的不同变化。这是记录并判定儿童生长发育是否正常的重要依据，如果行为的发展出现与年龄增长不符合的情况，则家长需要进行归因分析。

3. 观察差异性行为

差异性行为，又称反常性行为，即在同一情境下，儿童表现出与常规行为不同的行为方式。与常规性行为不同，前者是在年龄影响下行为的常规变化，而后者则为同一年龄阶段下行为的反常变化。当此类行为出现时，家长需要跟踪观察区分是偶发性的行为还是稳定性的行为，并进行归因分析，以便推动(或阻止)行为的进一步发展(图4-1)。

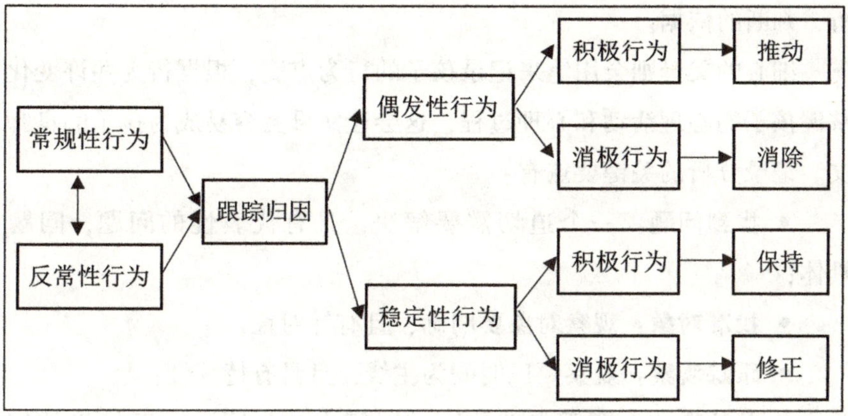

图 4-1　差异性行为观察分析路径

4. 观察偶发性行为

偶发性行为，又称突发性行为，即儿童常规性行为中原本没有，突然出现或插入的行为。对于此类行为家长需要跟踪观察，看此类行为是否具有延续性，并分析导致行为发生的原因，再根据行为的影响和原因提出应对性策略。

总之，行为的观察中以常规性行为为基础，但家长对儿童行为的观察点应该着重放在各种偏离性的行为上，毕竟这些行为可能引发不良结果，从而带来儿童心理发展的偏差。

四、学会判断孩子行为

(一) 记录分析——做一个细心的父母

作为父母，绝大多数家长都非常关注自己的孩子，孩子的出生、牙牙学语、蹒跚学步等各种行为都让家长们充满惊喜与幸福。家长们往往通过照相、录像等手段记录下孩子的成长，每一位家长都非常自信认为自己了解孩子。其实这种观察只对孩子的成长留下一个框架式的、轮廓式的印象，难以形成系统、细致的观察数据，无法作为对儿童精准分析、判断的依据。

细心的父母则会用笔来记录孩子的行为点滴，根据行为些许变化来掌握孩子的心理活动和心理过程，这会让父母更容易成为孩子的良师益友。记录分析的关键要点有：

- **找到问题**：一个迫切需要解决，且有代表性的问题，问题要具体；
- **找准对象**：观察对象要明确，且有针对性；
- **跟踪观察**：观察要以时间为主线，且具有持续性；
- **关注变化**：要重点关注不同时间点或相同频次下行为的细微变化。

☞**案例：小朋友的如厕观察**

如厕几乎是每位孩子成长中必经的难题。一位母亲这样写道：宝宝出生不久每次要大便时会涨红着脸，眼睛直愣愣地盯着人或某一处看，此时为他脱开裤子把尿，会很顺畅解决，宝宝会很开心，如果不把尿宝宝会憋好一会儿，一副难过的样子。医生说孩子太小不建议把屎把尿，可宝宝好像需要这样。宝宝从小对排泄很敏感，故而尿不湿用得不多，一有需求时他会寻求成人帮助。在 1 岁 2 个月时给他买了坐便器，不久发现宝宝排泄时喜欢把裤子全脱了，这样他才排得痛快，不明白为何要这样，这个习惯持续了很长一段时间，让我很苦恼。后来我想是不是因为坐便器的原因导致的，脱光裤子坐起来会没有约束感，于是准备改变排泄方式，教他站着小便、蹲着大便。刚开始站着小便他也要求脱光裤子，后来他发现哥哥小便时不需要脱光裤子也可以，为了更快地去玩，他也接受了把裤子脱下去就可以了，但是要脱到脚踝那里。这个行为又持续了几个月，常常会弄脏裤脚。他发现脱到脚踝那里会走不动路，特别是大便时，腿会分不开反而很麻烦，为此他又开始纠结要不要把裤子全脱掉，爸爸建议他脱到膝盖上面一点就最方便，在反复尝试之后这个困扰了许久的问题终于得到了解决。

这位母亲对孩子如厕的这一行为进行了持续关注并作了详细记录，并给与孩子及时有效的指导。

(二)对比分析——做一个有心的父母

对比是进行差异化分析的重要方法，也是归因的重要前提。家长对孩子的观察重点一般要放在对其变化的观察上，这种变化表现为：

- 随着时间的推移，同一主体行为前后的发展变化；
- 同一时间阶段，相同情境下主体行为的不同表现；
- 同一问题、主题中，对主体的预想行为与现实行为之间的差异；
- 不同情境下，产生同一主体行为的因果变化等。

当然，对比是手段，对比的目的是为了探索变化背后的原因，对主体行为而言，就是通过行为的差异性探究导致行为发生的心理机制。

☞案例：饭桌上的困扰

小班的一位母亲向老师反映自家孩子不会吃饭，吃饭时老是玩桌上的汤或茶水，弄得满身、满桌都是，为此非常苦恼。老师建议家长将孩子吃饭时出现的问题用拍照、视频的方式记录下来，以便协助其分析孩子的行为。老师看到了这样几组照片和视频，一是孩子将汤舀到自己碗里，看汤漫过米饭，然后大口喝汤、使劲喝汤，把浸在米饭中的汤也吸出来才作罢，然后又舀汤到碗里，看汤漫过米饭，用勺子把米饭上面的汤一口一口喝掉，直至碗不见了汤，然后把手伸进碗里，使劲压米饭，看见米饭里渗出的汤汁一阵狂喜，然后用勺子舀出来喝掉，如果汤洒在桌上，会用手将汤汁四处涂抹。二是孩子舀了自己的米饭或菜扔到汤碗里，汤被溅得满桌都是，米饭扔到汤碗里立即消失不见了，孩子又是一阵狂喜。三是孩子将汤舀出来，这盘菜里倒一点那盘菜里倒一点，玩得不亦乐乎。四是如果桌上没有汤，饮料和茶水就变成了“汤”，依然如此玩得忘形。老师和家长一同观看几组照片和视频后，抛出了几个问题：

- 汤、饮料、茶水有什么共同之处；
- 孩子是在学习还是在捣乱；
- 这几种行为之间有没有联系，有什么联系；
- 孩子为什么会乐此不疲地这样重复地玩；
- 孩子在重复这类行为中发现了什么，他想知道什么。

经过这样的对比分析，家长发现孩子不是在恶搞，而是在学习。这种反差极大的发现让家长欣喜不已。孩子在米饭中、菜盘中加入汤，是在感受汤的渗透性，在汤里加入米饭，是在感受米饭和菜在汤里的沉浮现象。一个调皮捣乱娃，经分析变成了爱观察思考的好孩子。

(三)归因分析——做一个理性的父母

归因分析实质上就是探寻行为背后原因的分析方法。亚里士多德认为，任何事物的存在都是由他事物的存在所引起的，这个引起的事物就是原因，被引起的事物就是结果，① 因果关系就是一种引起与被引起的关系。儿童背后绝大多数行为都是有其心理原因的，对儿童行为的归因就是探寻其背后的心理因素。

总之，儿童的行为心理与成年人的心理有着质的区别，尤其是3~6岁儿童尚处于“前运算阶段”，其抽象思维的发展也正处于起始阶段，且行为分化也并未完成，所以在对幼儿行为进行归因分析的时候，需要着重观察幼儿行为的特殊性，也就是说，对不同儿童而言，即便是相同

① ［古希腊］亚里士多德. 形而上学［M］. 苗力田，译. 北京：中国人民大学出版社：2018：86-98.

行为，其引发的背后因素也不尽相同。故而，幼儿行为的归因分析，需要观察者根据幼儿的常规性来推断差异性，针对不同个体需要区别对待。

☞**案例：咬被角**

在幼儿园午睡时经常会有咬被角的孩子，轩轩就是其中一个。轩轩是一个活泼开朗、精力旺盛的孩子，午睡时很难入睡，不是玩脚就是玩手，不是玩床就是玩鞋子，不是玩枕头就是玩被子，不是顶被子就是咬被角。轩轩咬被角的行为被老师分析是闲得无聊打发一下时间，建议对轩轩这类孩子让其起床做自己喜欢的、安静一点的活动，只要保证安全、不影响同伴即可。

同样是咬被角，锐锐的情况却不一样。锐锐是一个有自闭症倾向的孩子，在上小班不久，由于一场车祸让他的腿受了伤，由于行动不便，他待在家里几乎修养了一年时间，很少外出参加活动，加之车祸中受到了惊吓，锐锐极度缺乏安全感。他几乎不会午睡，他会躺在床上翻来覆去，搅被子咬被角。锐锐咬被角行为老师分析是缺乏安全感，老师建议锐锐的父母带锐锐看心理医生，打开心结，找回安全感。

雯雯的性格也有些内向，午睡时不是吮吸大拇指就是咬被角。教师通过与其父母沟通得知，雯雯妈妈母乳不够，雯雯是喝牛奶长大的。母亲由于工作原因几乎属于缺失状态，雯雯是奶奶带大的，而奶奶是一位特别爱干净的老人，不允许雯雯随便啃东西。老师分析雯雯的咬被角行为，认为是雯雯在口欲期没有得到满足后造成的，建议父母多陪伴雯雯，多做抚触按摩满足雯雯的心理需求，多陪伴孩子进行户外运动以转移注意力。

不同的孩子出现的同一行为，究其原因各不相同，自然老师给予家长的建议也应不同。

五、教案：发现孩子的“小聪明”

发现孩子的“小聪明”

(一)教学主题：发现“不一样”的儿子(女儿)——孩子的“小聪明”

(二)教学目标：1. 家长学会使用自然观察法

2. 家长学会使用表格进行对比记录

3. 家长学会使用对比分析法

(三)教学对象：小班家长

(四)教学时间：2 课时

(五)教学重点：1. 让家长认识自然观察法，并使用该方法观察孩子

2. 家长学会反思、总结

教学难点：1. 学会做一个旁观者

2. 学会使用对比分析

3. 培养家长反思、评价的能力

(六)教学手段：本次课程将采用实践活动教学法来进行课程教学

(七)课程开展

1. 前置性知识的学习

(1)介绍观察的方法：自然观察法、实验室观察法；直接观察法、间接观察法；参与性观察法、非参与性观察法。

重点介绍：自然观察法、直接观察法、非参与性观察法(这也是我们在本次活动中需要用到的观察方法)。

观察的关键：做一个旁观者，不干预孩子的任何活动。

(2)教会家长使用团讨来发现、解决问题

研讨内容包括：主题的提出、具体问题的设置、活动方案的设计、活动的分析、反思总结等。

团讨要求：第一，活动中关键性和决策性的地方必须通过团讨来

决定;

第二，团讨要围绕主题展开;

第三，结果要以决议的形式形成集体决策，避免议而不决;

第四，每一位成员都要参与发言，并提出自己的意见或建议。

(3)学会使用对比法记录观察内容

①对比法，又称对比分析法，是将两个记录数据进行对照，找出二者的差异性，并探寻引发差异性的关键性因素(即原因)的分析方法。对比法的前提是进行数据的对比记录。

本次课程中所采用的对比法需要注意的问题:

对比内容:家长对幼儿的预想行为和活动中的实际行为;

对比的目的:让家长发现预想行为和实际行为之间的差异，并探究其引发的因素(即原因)。

②参照"重庆市大足区实验幼儿园幼儿行为观察记录表"(参见附录3)进行记录。

(4)教会家长反思和总结(通过团讨的方式来进行)

①为什么要反思和总结?

②反思些什么，总结些什么?

③如何反思总结(参见附录4):填写反思总结记录表。

2. 活动设计

参见附录2:"'大脚跟小脚'项目制家长课程活动设计"。

3. 作业布置:家长(或家长小组)根据所学知识设计一个活动方案

说明:

①方案以"发现孩子的'小聪明'"为主题来进行设计;

②方案可以由家长或家长小组独立完成，也可以邀请教师参与共同完成;

③设计方案将在后期的幼儿教学实践中实施并检验。

第二节　回归孩子

对儿童的深入认识和了解并非只有通过观察，以旁观者的身份从外部了解也是一种途径。质性研究的方法告诉我们，只有我们变成了社会群体中的一员，成为他们中的一份子，才能有更好的切身体验，从而更加全面透彻地了解儿童。向儿童回归，让我们自己变回孩子，才能像孩子一样进行学习，从孩子的视角认识问题、思考问题、探究问题。“回归孩子”是家长转变的重要阶段。

一、为什么要回归孩子

随着时间的推移，人总是会长大，幼儿最终会长为一个成年人。“成年人有着比幼儿更多的优秀品性”，这是一种认知上的路径依赖。在人们看来，成年人在逻辑思维、行动能力、社会交往、心理发育等方面都比幼儿更加成熟，这是随着时间的推移，由经验的积累而形成的。那么随着年龄的增长、阅历的丰富，人的身心各方面的发展、发育都会朝向更优的方向吗？这个问题值得我们进一步思考、探究。

- 成年人比幼儿更加“自由”“快乐”吗？
- 成年人真的比孩子更具智慧吗？
- 成年人比孩子更具创造性吗？
- 成年人有比孩子更强的行动力吗？

其实，在儿童身上有许多优秀的品性，这些品性并不会随着年龄的增长而变得更好，相反，它们会随着时间的推移被社会所消磨，甚至湮灭。而这些恰恰是孩子未来发展或社会发展所需要的，比如，阳光开朗的良好心态、天马行空的丰富想象力、不受限制的创新意识、积极进取的探索精神等。

二、什么是回归孩子

回归孩子简单说来就是“变成孩子”，当然这个“变成”并不是像科幻电影那样，让我们通过时空逆转回到孩提时代，更不是小说中的穿越。“回归”是一种状态，是指我们放下大人的身份和架子，放下成人的“自以为是”，打破社会陈规缠绕在我们身上的桎梏，以最平和、最纯粹的心态来唤醒我们孩童时代所拥有的心态、视角、思维和行为。值得强调的是，回归的是孩童的本真状态，而非其“幼稚”“无知”的状态，这是一种凤凰涅槃式的“重生”，浴火中淬炼了成长所形成的一切优秀品性，并唤醒几近湮灭的孩童的本真，从而获得新生。

当然，这是“回归孩子”最理想的品性。现实中，大足实幼项目制家长课程中设定“回归孩子”的教学内容，是基于“重新认识孩子”的对孩子更深一层的接近。家长只有“变成”孩子之后，才能拥有并理解孩子的积极心态；才能从孩子的视角、孩子的思维来认知和思考问题，并以孩子的行为方式与孩子和谐相处，真正成为孩子的朋友。对此大足实幼认为，应该从“心态、视角、思维、行为”四个方面向孩童回归，唤醒其中的优秀品性。

(一)心态

对于正常家庭的孩子来说(年龄越小越是如此)，每天都是快乐的，但是这种快乐随着年龄的增长会越来越少，与日俱增的是无尽的烦恼。歌德的著名小说《少年维特之烦恼》就从“维特”的视角，给我们揭示了这种成长的烦恼，许多成年人对此感同身受。人们往往感慨孩子的快乐是简单的，一块糖、一个玩具、一个小伙伴，甚至是一个微小到让成人不屑的一句话或物件，都足够让孩子开心半天。对此，成人表示无法理解，乃至嘲讽为“傻”。曾几何时我们也曾经如此“傻”，但又曾几何时，是什么让我们失去了这份“傻”？

我们常听到这样的感慨：以前小时候我们是那么的快乐，尽管那时候生活很苦，物质条件远不如现在；然而现在我们什么都有了，唯独又没有了快乐。随着年龄的增长，社会给予我们的认知是，物质条件是生存需求，也是快乐的源泉，对物质的欲望让我们更加功利，甚至与快乐画上了等号，这种"快乐"显然已经变了质。对物质的无止境追求，让我们变得更加不快乐。

当我们用这种心态来面对孩子的时候，我们就自然丧失了与之对等看待快乐的基础。向孩子回归，首先就要找回这种快乐、积极、无功利心的心态。

(二)视角

视角是指人们认知和看待问题的角度，从不同的视角审视同一事物，所产生的结果会有所不同，甚至截然相反。

记得一位家长讲过这样一则故事：

> 爷爷带着孙女外出玩耍，途中孙女对地上的一张又脏又皱的糖果纸非常感兴趣，捡起来爱不释手。老人嫌弃糖纸太脏太难看并不想让孙女玩耍，于是试图用美食、玩具等来诱使她放弃糖纸。原本以为只是一时兴起的孙女一定会经不住诱惑而置换，谁知事情并未朝向预想的方向发展：无论老人提出多么诱人的条件，都无法让孙女扔掉糖纸。无奈之下，老人只得强行夺过糖纸并丢弃，结果惹哭了孙女。

在老人看来，糖纸是脏的，不但无价值，甚至还有危害。但是，老人忽视了孙女的视角：糖纸是漂亮、有趣的；用它可以折出很多有趣的东西来；糖纸为什么不会像其他的纸那样一遇到水就破了呢？这东西真神奇！

尽管糖纸有点脏，但不影响它的"有趣"，最为重要的是糖纸是我的，当老人诱使孙女放弃糖纸时，"自我中心状态"让孙女觉得爷爷是在“抢”自己的“宝贝”，这是需要“捍卫”的。

不同的视角让两人产生了不同的价值观，但是老人忽略了一点，所谓价值是物品对人主观需求的满足。首先，物品的属性虽然是客观的，但也是多元的，爷孙俩从不同的视角选择了物品的不同属性；其次，不同的视角让爷孙俩的主观需求产生了差异，因此俩人的价值观就出现了对立，甚至发生了冲突。

(三)思维

思维是人考虑问题的方式，由一定的线索串接起来的思维的框架就是逻辑。思维和逻辑构成了人们获取知识的能力，不同的思维和逻辑方式将产生不同的学习效果。

幼儿和成人的思维方式是有着质的区别的，当然这种区别并不代表二者之间孰优孰劣。没有经验的约束和较少受思维惯性的影响，使孩子的想法常常天马行空，产生一些突破常规的“异想天开”和“奇思妙想”。这是成人难以理解的，常常被冠以“幼稚”“荒诞”的头衔。但是这些思维品性会随着年龄的增长而逐步消退。殊不知，富于想象和天马行空恰恰是人类创造力的源泉，能够让人们产生更多的发明创造。这是人类思维中最优秀的品性，但也是成年人最缺乏的思维品质，这些思维品性能够帮助人们获得更多的成就。

向孩子的“回归”就是希望家长们找回那些曾经拥有但却失去了的思维品性，也是让家长能够理解并尽可能帮助孩子保持这些优秀的思维品质，让孩子走向成功的脚步更加稳健。

(四)行为

皮亚杰认为“思维是内化了的动作”，反之行为则是思维的外显性表现，它会反映出单个主体将以什么样的方式建立起与外界事物(包括与他人)之间的联系。受思维方式的影响，孩童与成人之间的行为方式同样存在着较大的差异性。

☞案例：一次绘本写作

记得一次儿子告诉我，爸爸，我要写一本书《我和我老哥的故事》，我很开心，于是认真地给儿子讲解写小说要做的一些准备和可能会遇到的困难，但是六岁的儿子听得似懂非懂。回到家后，儿子和妈妈便开始了他们的“巨著”写作。在我做好一顿晚饭的时间，儿子便兴冲冲地跑过来告诉我，他跟妈妈已经写好了一个脚本，并邀请我跟他一起阅读。惊讶的我为了不打消儿子的兴致，于是决定吃饭前先与儿子一起阅读，虽然字里行间透露着稚嫩，但是超级的想象力却把我带到了一个新奇的故事世界。我相信，如果稍加整理、修饰，这绝对不亚于当前市面上热销的那些幼儿绘本，但这仅仅是孩子在我做一顿饭的时间内完成的。

孩子是天生的行动派，他们并不怕失败，他们总是在失败中成长，在不断试错中收获新的知识，他们总是享受行动过程中的乐趣和随之而来的成功，而成人却在瞻前顾后的思索中消磨了对未来的信念。

三、怎么变回孩子

变回孩子，看似一句简单的话，但在现实生活中去实现它却并不那么容易。“回归”既是让我们深层次地了解孩子的过程，也是家长涅槃重生的过程，“回归”让我们在与孩子的和谐相处中共同成长。大足实幼在项目制家长课程的设计中，需要花费一个学期的时间来实现它。这是一个消除社会规矩的羁绊、重拾童年的美好记忆、打破生活经验的束缚、摆脱主观视角的偏激的过程。

(一)消除社会规矩的羁绊

“回归”首先就是要端正心态，消除成长过程中社会套在人们身上的各种桎梏。马克思尖锐地指出，工业化时代背景下的社会已经被异化，社会的异化引发了人的异化。马尔库塞(Herbert Marcuse)更进一步分析了现代人的单向度发展，认为这是现代社会资本无限度发展的必然结果。① 对物质的过度追求所引发的功利心理是人在成长过程中被经济社会套上的第一道枷锁，也是最沉重的枷锁。物质追求成为生活的全部，成人在承受社会生活的物质压力、负重前行的同时，丧失了对“诗和远方”的美好追求。不首先打破这些社会桎梏，成人难以理解孩子简单快乐的纯真和纯粹。

(二)重拾童年的美好记忆

大足实幼认为对一切美好事物的向往和追求是人转变的重要动力，唯有唤醒和重拾童年的美好记忆，才能让成人找到快乐、为之痴迷。在消除了社会套在身上的羁绊，当放下了“大人”端起的架子和身份后，需要做的就是让家长们重拾童年的美好记忆。

☞案例：涂鸦墙——一个家长的内心独白

也许每个人的心理都埋藏一个艺术梦，所以孩童时代我们总是会在能够找到的任何空白处(尤其是墙面)，画出我们的梦想。然而，这个梦总是被父母打在屁股上的巴掌“无情”摧毁，于是乎发誓长大以后要画遍自己屋内所有的墙壁。但随着年龄的长大，甚至为人父母后，却是从未再动过这种念头。

一天参加大足实幼开展的亲子涂鸦活动时，这个梦想再次被激活了。这是一个“乱糟糟的世界”，看到整面整面的墙在孩子们的挥舞下被涂得“一片狼藉”时，我内心深处的那颗种子再次萌发，于是加入挥舞的行列。当在老师的一再提醒下停下来时，发现自己已经忘乎所以了。那天无疑是快乐的，而快乐原来如此简单。

① [美]赫伯特·马尔库塞. 单向度的人[M]. 刘继，译. 上海：上海译文出版社，2014：19-34.

（三）打破生活经验的束缚

经验是人们在生活实践中总结出来的东西，它形成了人类的文化，被传承而成为文明。经验无疑是宝贵的，经验的积累是人成长、成熟的标志之一。

然而，经验有时候也是可怕的。随着年龄的增长，对经验的依赖也越发严重，这让成年人容易形成思维的路径依赖，但凡合乎经验的，就能接受、认可，否则就会发自内心地予以排斥。这让成年人往往自以为是，觉得孩子的行为这也不是，那也不对，最终忍不住横加干涉，并美其名曰“让孩子少走弯路”。也正因为如此，孩子对家长越发疏远，而家长对孩子也越发失去耐心，双方不断发生冲突、相互排斥，最终走向对立。

殊不知，没有经验束缚的孩子，面对任何事物都是新奇的，他们对整个世界都充满了好奇，这也是人类思维最宝贵的品性之一，它让孩子富于质疑，充满创造。如果不突破经验、打破惯性思维，人们就总会先入为主，这样就很难了解孩子们的想法，更不要说“变成孩子”。

（四）摆脱主观视角的偏激

向孩子“回归”是站在孩子视角来看待问题；在与孩子相处的过程中，最怕以成人的视角来看待孩子的行为。

☞案例：孩子要结婚——一个家长的焦虑

最近一个家长道出了她内心的焦虑：自己不到六岁的儿子经常告诉她，他是否可以和班里某个女同学结婚。原本两个孩子因为家近，又同在一个班里，所以成了很好的伙伴，俩人一同上学、放学，甚至经常来家里一起吃饭、玩耍，直到很晚才不舍地告别回家。现在居然提出了要结婚的想法，这不能不让作为母亲的她崩溃。

其实，事实并非母亲所想。在孩子看来，父母的关系很好，每天都能快乐地朝夕相处，根本原因就是因为父母结了婚。如果自己也跟小伙伴结了婚，那么自然以后就可以永远在一起玩耍了。对孩子而言，并不知道结婚真正的含义，他希望的是能跟最好的小伙伴永远在一起玩耍，而结婚似乎能实现这点，于是就提出了结婚的想法。

对问题的认知是多视角的，常规性思维常让人习惯于站在自己的视角来看待问题，孩子如此，成人亦如此。视角的主观选择往往使我们对问题的认识走向片面、偏激。卢梭指出，不能将孩子看成缩小版的成人，不管他们表现出多么的“成熟”。“变成孩子”就是为了让成人能够站在孩子的立场，用孩子的视角来看待问题，否则就会与孩子之间形成隔阂。

☞案例：卡片的乐趣

儿子最近迷上了奥特曼卡片，甚至为他的卡片配了一个漂亮的“卡册”，还经常与小伙伴进行卡片交流。可是有一天，我发现儿子回家后就一直闷闷不乐，一问才知道原来在跟小伙伴玩“扇卡片”的游戏时几乎将他的“存货”都输掉了，而且还被嘲笑为“菜鸟”，这让儿子觉得很丢脸。所谓“扇卡片”，就是将卡片弯成一定的弧度，在不接触卡片的情况下，谁能够用手扇风吹翻对方的卡片，就可以赢得对方的卡片，结果儿子输得一塌糊涂。我听完后哈哈大笑，这不是跟我小时玩的“打三角”(一种用纸烟盒折成三角形的游戏)差不多嘛，想当年我可是打遍全校无敌手的。于是便安慰他说，爸爸一定会帮他挣回面子，这可是在儿子和他的小伙伴面前露脸的机会，我怎能轻易放过。

下午我就迫不及待地让儿子再约小伙伴来“单挑”。当然，凭借我过硬的技术，小家伙们节节败退，不一会儿儿子手里便攥了厚厚一摞奥特曼卡片。我还没来得及高兴，其中一个小家伙不愿意了，让我等着他回去搬救兵。不一会儿他就叫来了另一位“高手”：他爸爸。这真是一场势均力敌的拼斗，我俩也是“扇”得面红耳赤。就在“打斗”进入胶着状态的时候，我们突然感觉哪里有些不太对劲。

等等……

我们这是怎么了，不就是五块钱可以买一大堆的卡片吗？我们两个三四十岁的大男人居然像两个孩子一样，争得不可开交。

哈哈……

原来让我们痴迷的不是那几张小小的卡片，而是那种“感觉”，让我们仿佛都回到了自己的童年，回到了那个让我们快乐的岁月的感觉。我们相视一笑相约改天“再战江湖”。

第三节　跟随孩子

“跟随孩子”是项目制家长课程的第三个阶段，这是培养家长与孩子交往能力的阶段。这一阶段一般被安排在家长入园的第二年（大约在孩子4~5岁）进行，这一阶段的孩子开始出现与父母疏离的趋势，他们更愿意与自己的朋友一起玩耍。如果说前两个阶段是为了转变家长观念，是在奠定和培养基本素养，那么这一阶段则是一个跨越阶段，开始切入“大脚跟小脚”的核心。大足实幼设计了两个学期的时间来实现这一阶段的跨越。

一、什么是跟随孩子

我们每届家长学校的课程进行到这里的时候，总能听到家长这样的言论：

- **我走哪儿，孩子就会自觉地跟到哪儿，这么简单的事情还要**

学吗？

此时，我们总会给家长们强调，在大足实幼，“跟随”是一个独特的概念，有着特殊的内涵，“大脚跟小脚”倡导成人跟随孩子。那么问题又来了，什么是“跟随”，为什么要“跟随”孩子呢？

（一）对“跟随”的正确认知

在大足实幼看来，跟随就是指“融入”。在家长课程中提出“大脚跟小脚”，就是要让家长像孩子一样，从而融入他们的生活，融入他们的圈子，成为他们的朋友。此时，孩子才能够接纳家长，与家长形成和谐、融洽的朋辈关系。因此，大足实幼提出的“跟随”并非家长眼中简单地“跟着”，更不是孩子跟在家长身后做家长的“小跟班”“小尾巴”。

“跟随”是一种教育方式和理念。我们不是要将孩子培养成家长的“影子”“翻版的小大人”，而是将他培养成为一个独立的个体：他能够独立思考，有独到的思想见解；有强烈的好奇心、富于想象，勇于独立探索，有较强的创新意识和创新精神。有思想、能创新是人类最优秀的品质，也是社会发展的内驱动力，但是这些优秀品性往往随着年龄的增长，在人性不良因素的影响和成人的“教育”“干预”下而逐步消退。

跟随而不干预孩子，让他们“自在生长”，这是大足实幼“大脚跟小脚”的教育精髓之所在。不用成人的经验和思维干扰他们的成长，保护这些品性不受人性中不良因素的影响，在成长过程中，培养并增长这些优秀品性，这才是学前教育阶段应该努力的方向和目标。

（二）为何要“跟随”

在对家长的教育中提出“大脚跟小脚”的理念构想，并将“跟随”视作一种教育方式，是富有内在深意的。

1. 是实现办园理念“小步行走，自在生长”的必然要求

首先，“小步行走”是对幼儿教育进度的要求。孩子的发展有其自身的步调和阶段性，教育不能无视甚至超越这个规律，因此需要遵照孩

子的“小步调，任其行走”。显然，如若“跟随”成人的步调，孩子不但无法跟上，甚至还会被“拖垮”“累死”，显然这种揠苗助长的行为不可取。

其次，“自在生长”则是对幼儿教育内容的考虑。孩子身上有着成人缺少的优秀品性，这是一些深埋于人内心的种子，一旦萌发生长，将会带给孩子未来发展的无限可能。成人需要细心呵护、照看孩子，等待其慢慢长大、不断长大，而非妄加干涉、肆意摧残孩子。“跟随”是一种照看、关注。

“小步行走，自在生长”是在尊重孩子身心发展规律的前提下提出的，而要求“大脚跟小脚”则是希望成人要尊重孩子身心发展的这些规律，而不要从成人的思维、视角出发干预孩子的自然发展，做出违背发展规律的事情，避免以“爱”的名义做出“不爱”的事情。

2. 是对朋辈教育在幼儿家庭教育方面的改革、尝试

教育是一种浸润、滋养，而非灌输；就教育的效果来看，在教育方式上前者更优于后者。孩子们有自己的思维、观点，如若不了解孩子心中所想而横加干预，教育将会变得十分困难。

心理学的研究成果表明，朋辈教育更优于长辈说教。朋友指志同道合的人，或者深厚友谊的人。朋辈关系以平等为基础，这就是为什么人们更容易接纳朋友的建议和意见的重要原因。《汉典》对“朋友”的解释为，朋友是指除情人或亲属之外彼此有交情的人，这里的朋友排除了亲属(当然也包括父母等长辈)，毕竟传统认知中“血浓于水”，亲情比友情更深厚。这也是为什么家长们经常理所当然地责问“难道我还不如你那些朋友吗?”的重要原因。

事实表明，朋辈关系的平等性让朋辈交往成为最和谐、最融洽的交往关系之一，甚至在某些阶段超过了对父母的亲情关系；朋辈教育也由此成为最有效的教育手段之一。现在许多家长希望能跟自己的孩子做朋友，但长幼有序的传统观念和成人的优越感在头脑中根深蒂固，想要建立起朋友关系实属不易。只有当家长放下“大人”的架子和身份，从孩

子的视角出发，发现孩子的优秀品性，认同孩子的思维观点，平等而不加干涉地“跟随”孩子，才能真正建立起朋辈关系。而在幼儿时期建立的朋辈关系则能为后期(包括青春叛逆期)，乃至一生和谐的家庭教育奠定扎实的基础。

二、如何跟随孩子

在大足实幼看来，“跟随孩子”实质上就是融入孩子，那怎么来判定，或者说如何才算是融入孩子了呢？怎样做才能更好地融入孩子呢？

(一)融入的方式

1. 要融入孩子的游戏

游戏是儿童认知和理解各种社会角色关系，并建立起自身与他者之间联系和交往关系，搭建自己生活圈子的重要手段。

首先，游戏是主体对客体的活动，是幼儿摆脱“自我中心状态”的重要手段，通过游戏中的角色扮演，幼儿可以很好地建立起角色的社会性关系。比如早期孩子们喜欢玩“过家家”的游戏，他们通过游戏模仿角色扮演，在内心构建起他们对爸爸、妈妈、孩子及其他长辈之间相互关系、身份、地位、责任等的理解。

其次，在游戏活动中幼儿还可以学会与他人的交往和合作。① 无论是在家庭、学校还是社会，幼儿都可以通过游戏建立起与他人之间的互动关系，它是幼儿对外交往的重要方式，成为幼儿生活的核心活动。

因此，参与游戏是跟随孩子，融入他们生活最直接的方法，在游戏中幼儿可以逐步建立与成人之间的依赖与互信关系。

2. 要融入孩子的朋友圈

如果说融入孩子的游戏是“跟随”的起点，建立起与孩子个人亲密

---

① [瑞士]让·皮亚杰. 皮亚杰教育论著选[M]. 卢濬，译. 北京：人民教育出版社，2015：5.

关系的话，那么融入孩子的朋友圈，能够成为他“圈子”里的朋友，则证明父母与子女间建立起了真正的朋辈关系。

4~5岁的孩子在经过了一年的幼儿园生活后，逐步学会了与他人的交往，建立起自己的朋友圈子，与父母之间的关系开始出现疏离趋势。这时的孩子更愿意与自己的朋友一起玩耍，甚至出现邀请朋友来家里或者去朋友家玩耍的现象。

☞**案例：与孩子的“心理空窗期”**

一位父亲讲述了最近自己内心的失落：儿子上幼儿园中班后，开始越发独立：做什么都不让自己跟着了。刚开始的时候是儿子提出要自己坐电梯下楼玩耍，我挺高兴。但那时的儿子还很胆小，要我送到电梯门口，看着他进去，并帮他按好“1”楼的数字，直至电梯门关闭才让我离开，下楼后还要仰面与阳台上的我打个招呼，才高兴地去玩。而现在，这些都不需要我做了。甚至有一次，我见他在楼下等了他的小伙伴许久，当我怕他孤单下楼想陪他一起等待的时候，他居然催促我赶紧回家。在庆幸自己终于要轻松点的同时，我又有了些许心理的失落：孩子开始“不需要”我了。

相信许多父母都有同样的经历，这里我们可以借用“心理空窗期”来进行描述。这是孩子与父母关系疏离的开始，原本习以为常的“跟随”开始变得困难起来。此时，在孩子看来朋友几乎与父母同等重要，甚至有时还略微重要一些。如果有一天，孩子主动邀请我们加入他的朋友圈时，那么证明我们实现了跟随，真正融入了孩子。但是如果疏于关注这一点，那么今后想要再建立朋辈关系就极为困难了。

3. 要融入孩子的内心

如果说前两者是形式上的“跟随”的话，那么融入孩子的内心，成为孩子的心灵伴侣(soulmate)则是从本质上的“跟随”。“soulmate”是近些年最流行的词语之一。在浮躁、功利的现代社会中，找寻一个

"soulmate"是很多人的内心所想。成人如此，孩子亦是如此。寻求内心的接纳是融入的最高境界，能够抓住"跟随"的本质。

在绝大多数人看来，孩子的内心单纯且强大，极易被劝说，却不易被打击，总给人"没心没肺，活着不累"的感觉。殊不知，孩子的内心是非常敏感和脆弱的，年龄越小越是如此。面对生活的这个世界，他们内心充满了畏惧，父母在生活中横加干涉会削弱他们对父母的依恋，转而寻求朋友的关爱。

融入孩子的内心，需要家长从孩子的视角，用孩子的心态和思维来思考和面对问题，并依照孩子可以接受的行为表达出来，从而唤起他们内心的共鸣，"跟随"孩子也将变得不再困难。

（二）融入的原则

"融入孩子"本质上来说就是跟孩子做朋友（心灵上的朋友），那么就需要遵守朋友相处的一些原则，这样家长才能跟孩子建立起持久的友情。

1. 平等性原则

朋辈关系的基础就是平等。在家庭中的平等主要体现在权利和地位上，包括在家庭中的地位、话语权、决策权、自主权等。家长要努力营造家庭中的民主氛围，家庭中的全体成员平等且相互尊重。凡家庭事务，尤其是涉及孩子自己的事务时，应该采取协商一致的原则，听取和尊重孩子的意见，让孩子在家庭事务中有充分表达的权利和对自己事务的最终决策权，家长应为孩子的决策和实施提供有益的帮助。

2. 不干涉原则

不干涉原则是指家长在跟随孩子的过程中，对孩子的思想、观点、行为不随意地打断或者阻挠。

首先，不干涉是一种对朋友尊重的态度。不同的个体之间在思维方式和行为方式上存在差异性在所难免，更何况成人和孩童的思维和行为方式截然不同。成人的经验主义和自以为是常给孩子一种居高临下的感觉，家长常以“指导”的名义肆意干涉孩子的事务，这显然不是“跟随”的态度，使得家长难以融入孩子。

其次，不干涉是一种支持与鼓励。不干涉同时表明了一种谦虚谨慎的态度，它表明家长并不认为自己的想法(或做法)比孩子更为高明。它更能鼓励孩子逐步建立自信，不畏惧权威。孩子身上有许多优秀品性是成人所缺乏的，保护并放大这些优秀品性是教育者应有的态度和责任。

3. 一致性原则

一致性原则是指家长在跟随孩子的过程中，与孩子达成一致的观点或在行动上保持一致性，朝向共同的目标努力。“跟随”不能是一种虚情假意的攀附或者迎合，而是建立在互信、一致基础上的相互认可。可见，一致性并非胁迫或者无底线的妥协。首先，达成一致的前提基础是家长与子女双方地位的平等、互信。其次，达成一致的方式是共同协商或共同探索。

总之，跟随孩子是建立起家长与孩子和谐相处、友好交流的方式，最终以家长融入孩子为目标。如果有一天，孩子愿意主动邀请家长加入自己的朋友圈，成为其中的一员；如果在每次的活动中，他们愿意邀请家长以朋辈的身份参与其中，而家长也愿意以朋辈的身份与孩子交往，并融入他生活的点点滴滴的时候，家长就圆满达成了对孩子的“跟随”。

三、案例：为什么儿子不帮我

一位家长来到幼儿园，向老师大吐苦水。原来最近他正跟自己的爱人闹别扭，而受自己疼爱的儿子却偏向了妈妈，跟妈妈一起反对爸爸。

经过了解才知道，原来平时儿子无论做什么事儿，妈妈总是毫无条件地去支持、去帮助，而儿子在妈妈面前也总是叽叽喳喳，似乎有着说不完的话。但是爸爸却不一样，他总是告诉儿子，哪该做，哪不该做，甚至有时候非常严厉。所以，在孩子眼里，爸爸就是爸爸，而妈妈则是朋友。无论爸爸平时有多么疼爱儿子，给孩子做多少美食，买多少玩具，一旦父母发生冲突的时候，儿子总是站在妈妈一边。

其实，对孩子而言，“跟随”他们并不困难，与他们交往不需要太多的功利心、太多的物质满足。无论平时你说你有多么爱他，如果你总是高高在上地站在长辈的立场，或者站在道德的制高点来指责他们、要求他们，那么你将永远无法真正走进他、融入他、成为他的朋友。“跟随”孩子的前提是平等，他们愿意让你“跟随”的原因是因为你是他们的朋友。

第四节 陪伴孩子

皮亚杰把儿童看做一个“独立的变量”，反对传统观念把儿童看做一个“依赖的变量”，认为儿童并不只受教于成人，而且还自己独立地进行学习。他们是主动的学习者，真正的学习并不是由教师传授给儿童，而是出自儿童自身。应该让儿童自发地和主动地进行学习，最好使儿童自己找到和发现问题的答案。如果每样事情都教给儿童，就会妨碍他的发明或发现。①因此，在大足实幼看来，传统的教育模式不但不能培养学生的自主学习和创新能力，相反还会不断地消磨他们的创造力。对幼儿最好的教育形式应该是陪伴，家长在陪伴孩子的过程中应学会与孩子共同成长。

- **什么是陪伴教育？**
- **在幼儿阶段陪伴有何重要的意义？**

---

① ［瑞士］让·皮亚杰. 皮亚杰教育论著选［M］. 卢濬，译. 北京：人民教育出版社，2015：5.

- **陪伴孩子的过程需要注意些什么问题?**

这些是大足实幼在项目制家长课程的最后阶段需要解决的问题，她们同样设计了两个学期的时间(一般在孩子入园的第三年)来完成家长对这部分内容的学习。

一、什么是陪伴教育

(一)陪伴教育的概念

陪伴教育是家长运用自己成长所获得的经验，在陪伴孩子成长的过程中，引导孩子自主学习的开放式教育方式。如果说"跟随"孩子的过程要求家长不能干涉孩子的活动，那么陪伴孩子的过程则需要家长介入并引导孩子的活动，这是二者之间的区别，因此陪伴是在跟随基础上更深层次的教育方式。

(二)陪伴教育的特征

陪伴教育是大足实幼项目制家长课程的核心、灵魂。她们主张在家庭教育中，家长通过陪伴来引导而非指导孩子的学习过程，实现对孩子的教育。引导是一个潜移默化的影响过程，是陪伴教育的核心特质。

受进步主义教育理论的影响，近代几乎所有的幼儿教育家都主张教育者要尽可能少地干涉孩子们的学习行为，教师、家长在孩子的活动中应扮演着观察者的角色。"尽可能少地干涉"是因为"干涉"会膨胀家长内心的"傲慢"和"优越感"，从而削减孩子对自主学习能力的自信。同样，完全放任自留，则会增加孩子自主学习的盲目性的风险，从而加重学习成本。

因此，大足实幼提出采用陪伴教育，以柔性的引导方式参与但不干预孩子的活动。当然，为了达成引导的最佳效果，面对孩子的不同性格、活动的不同类型、教育的不同内容，陪伴引导的方式也应该多元、多样。

(三)陪伴教育的方式

教育既是一门艺术，也是一门技术。所谓艺术在于教育并非对人强行突破，学生就像一块璞玉，需要细心雕琢，耐心的打磨才能提升和展现其价值；所谓技术，即再好的艺术也是通过一定的手段、方式来展现的。陪伴教育是一门教育艺术，需要配套相应的技术展现其艺术的魅力。

1. 潜移默化的方式

“潜移默化”是最常见的引导方式，这是一种和风细雨式的浸润，是日积月累的滋养与渗透。人们常把教育者比做“人类灵魂的工程师”，毕竟娇弱的灵魂是需要阳光和雨露滋养的，“暴风骤雨”“大水漫灌”只能适得其反，年龄越小越是如此。

在陪伴教育中，家长对幼儿的谆谆教导，远不如以身作则来得更直接、有效。家长日常的言行将会直接投射到孩子的身上，孩子无疑成为父母的翻版。

记得某位家长讲述了她孩子的有趣行为：

最近儿子放学回家，进屋之后的第一件事情就是翻出自己的笔和小本子开始在书桌上写写画画。我非常奇怪，就问他在干什么？只见儿子仰起稚嫩的小脸严肃地说，妈妈别打扰我，我正在工作。原来，最近爸爸工作很多，经常在下班回家后仍在电脑上忙碌工作的事情。不想爸爸努力工作的认真样子被儿子牢牢记在了心里，爸爸都这样，作为儿子的他又怎甘落后？于是就出现了开头的那一幕情形。

榜样的力量是无穷的，孩子无时无刻不在用眼睛观察着他身边的世界，并加以模仿，模仿(尤其是对最亲近、信赖人的模仿)是孩子最初的学习行为。因此，家长在陪伴孩子的过程中，可以通过规范自己日常的点滴言行来有目的地引导孩子的成长和发展。

2. 协商一致的方式

传统观点认为教育即为教化，而当代心理学家则坚定认为教育是在唤醒心中的共鸣；前者将学习者看做一个消极、被动的接受者，而后者则将学习者看做一个积极、主动的独立个体。马克思认为人与动物最大的区别就在于人有思想和意识，具有主观能动性，哪怕在幼儿阶段也是如此。

细心的父母会发现很多时候孩子很“执拗”，他们会十分坚持自己的观点。因此，采取协商的方式引导，不仅是尊重孩子，更是对孩子自主性的强化。协商的方式可以让孩子在摄入的众多信息中进行思考、判断、选择，最终综合整理形成自己的观点和见解，从而增强自主性和自信心。这些能力能让孩子在未来纷繁复杂的社会中，坚持理性思考、自主创新，而非人云亦云。

3. 探索研究的方式

皮亚杰认为教育的目的在于启迪孩子自主学习的能力，而对未知领域的探索和研究则是自主学习的重要品性之一。孩子天生具有好奇心，富于探索精神，每天都在用充满好奇的眼光来审视他们生活的这个世界。

☞**案例：十万个为什么**

一位妈妈抱怨说，最近儿子特别喜欢问为什么，不管你跟他说什么，他都会问你“为什么”，甚至连自己刚才告诉妈妈的话也会问“为什么”，让她觉得孩子是不是变“傻了”。

早上给儿子洗漱完之后，我对他说：“宝贝，快过来喝点热水。”

“妈妈，为什么起来后要喝点热水呢?”

“因为，早上喝点热水对身体好啊！”

“为什么，会对身体好?”

“因为，这是一个很深奥的医学、生理问题，现在妈妈给你解释会很难，你也听不懂，你长大以后学的知识多了，就知道了。”

“哦……”

儿子若有所思，正当我觉得这个事情该结束的时候，儿子突然又问我：

“妈妈，为什么会很难？”

天呐，你这算是问题吗？我一阵语塞。但儿子似乎并没有停止的意思，见我不说话，儿子接着说：“妈妈，每天早上起来都要喝热水吗？”

“是的”，我赶忙肯定地回答。

“为什么？”

……

问题似乎又回到了起点，孩子，你是故意的吗？

其实喜欢问“为什么”并非孩子的恶作剧，而实质是他们真的想知道“为什么”，甚至一些在家长看来是那么“理所应当”的常识问题，孩子也不会放过，甚至会反反复复地问。

更为“过分”的是一些不证自明的事情，孩子仍然会问“为什么”。

☞案例：一个不证自明的问题

“爸爸，我们到外婆家有多远？”儿子突然问道。

“大概，80 多公里。”我认真地回答。

“哦……”儿子若有所思，突然问道：

“爸爸，1 公里是多少里？”

“1 公里等于 2 里”，我迅速给出答案。

“为什么？”儿子甚至不假思索地说出了三个字。

“因为这是规定？”我有点无语。

“为什么是规定？”儿子似乎并不打算放过我。

……

好奇心和探索精神似乎是孩子与生俱来的，无论什么都要问出个“为什么”说明孩子开始探索这个在他们看来是“未知”的世界。尽管有些问题提得比较“稚嫩”和“傻”，但对他们的认知发展来说是非常重要的。其实仔细想想，那些在我们成人看来是那么“理所应当”的问题，就真的那么“理所应当”吗？当我们真的认为所有的东西都是那么“理所应当”的时候，那么我们的“平凡”和“无知”也就“理所应当”了。

面对孩子的问题有些是我们运用所学可以给孩子解释的，但有些则是很难解释，甚至是我们自己也不知道的。这时我们不能认为孩子是在无事找事而置之不理，更不能责备他们。大足实幼认为，家长应该鼓励孩子去自己探究、发现这些问题背后的“为什么”，必要的时候家长应该跟孩子一起去“发现”。

二、陪伴教育的重要意义

陪伴就是鼓励和保持孩子身上一切优秀的品性，在陪伴的过程中，家长并非一个无关的随行者，家长应该正确地运用自己成长中获得的“经验”来为孩子提供引导。陪伴在孩子(尤其是幼儿)的成长中具有极其重要的意义。

(一)有利于培养孩子的自主学习能力

家长陪同成长能让孩子更具安全感、更具自信，而引导性的陪伴则能让孩子成长为更具自主性的独立个体。家长是孩子强有力的后盾和依靠，家庭教育是陪伴而非教化。孩子天生就是行动派，凡事都喜欢自己动手，家长需要做的是陪在他们身边，鼓励他们自主探究。

(二)有助于提升孩子分析判断的能力

陪伴并不是说让家长成为一个无关的随行者，家长在孩子需要帮助的时候应该将自己在成长中的“经验”分享出来，成为供孩子参考、选择的信息之一。家长可以参与但不能干预孩子的独立思考，家长应该鼓励孩子审视这些繁杂的信息，认真思考、分析、判断其有用性，及对问题解决的相关思路，最终综合形成自己的决策。只有这样才是真正的自主性学习，也是真正的引导。

(三)有助于培养孩子合作探究的能力

当然，并非所有的问题都是有现成答案的，更多的问题甚至连家长都无法回答，鼓励孩子探究问题的根源就成为自主学习的又一途径。好奇心和探索欲是与孩子相生相伴的，但是个人探索的能力和方式是有限的，皮亚杰认为社会交往与合作是孩子未来发展的重要能力，它可以在孩子的探究性活动过程中培养起来，而家长是孩子最初也是最好的合作伙伴。陪伴就是与孩子一起探索未知领域，为孩子的探索提供思想和物质的帮助。

三、需要注意的几个问题

陪伴教育是大足实幼家长课程的核心，它与第三阶段的跟随教育非常接近，家长在学习的过程中经常混淆，认为跟随与陪伴是一种不必要的重复，甚至有家长认为二者在理念上前后冲突、相互矛盾。对此，我们需要作以下两点说明。

(一)陪伴教育需要参与，但不需要干预

“跟随”的本质是“融入”，而“陪伴”的本质在于“引导”。融入要求家长进入孩子的生活圈，尤其是他的“朋友圈”，成为他的朋友，这是陪伴教育的基础；朋辈教育卓有成效的原因在于朋友间的建议和影响，而这是陪伴教育的本质所在。所以二者之间是前后相承的关系，前者为基础，后者为目的，二者共同实现对孩子的教育。

（二）陪伴中的引导并不等于指导

“跟随”的基本原则之一是“不干涉”，“干涉”会破坏朋友间的平等关系，打破朋友关系建立的基础；而在陪伴教育中必须要有家长的参与，即“引导”，故而很多家长认为二者前后矛盾。这里需要着重指出的是“引导”并非“指导”，前者是建立在平等基础上的建议、影响；而后者则存在明显的等级高低关系。“引导”是一种参与，家长并非无关的随行者，他有责任让自己成长中的经验为孩子的“决策”提供参考；但参与并非“干预”，家长不能自以为是对孩子的行为横加干涉，而是通过建议、协商的方式让自己的“经验”成为孩子判断、选择的选项之一（而不是唯一）。当孩子开始与我们协商、家长通过协商的方式将自己的经验提出来，供孩子参考并自主做出决策的时候，陪伴关系就形成了。

现代化的社会束缚和扭曲了人的发展，教育的改革就是要打破这些桎梏，保护好、发展好人性中最优秀的那些品性，培养出个性鲜明、富于探索、勇于创新的人。教育的目的即是“成人”，成为“真正完整的人”。学前教育阶段是教育的开始，扎实做好幼儿这一阶段的教育，能为孩子未来的发展，乃至一生奠定稳固的基础。

四、案例：从认识盒子引发的思考

记得孩子上小班时，老师布置了一个认盒子的学习任务——认识不同材质的盒子。在认识完各种盒子以后，宝贝还意犹未尽，于是我就引导她用盒子来做游戏。因为盒子都比较方正，她开始用盒子搭建筑物。搭着搭着，她突发奇想地拿着一个装鞋子的收纳盒对我说：“妈妈，这个盒子像一辆车子。”我定睛一看，的确如此。她就把几个盒子排成一排，我故作惊讶地说：“呀，好多车车在排队呀！”她很自豪地说：“是呀！”“它们排成一队在干什么呢？”我借势追问。“它们正在过收费站呀。”孩子想也没想就回答我了。“收费站在哪儿呀?”我故意左顾右盼，其实，当时我已经想好要引导她用盒子搭一个收费站了。“没关系，我们搭一个收费站吧，妈妈!”“好啊!”就这样，我成为她的助手开始搭收费站了。小小的她竟然知道要留几个通道，还不断地模仿收费员礼貌地收费，真诚地说“一路顺风”。玩得正起劲的她突然说:“糟了，我的车没油了。这附近没有加油站吗? 妈妈，我们再搭一个加油站吧!”就这样，她又认真地搭了一个加油站。

其实，在这个游戏中，我们家长就只是一个陪伴者，然后在关键的时候给予孩子一些引导，让她自由思考。孩子的想象力一定会让你惊叹不已！当然，这个游戏结束以后，她又用盒子搭了其他东西，再配上一定的情境，就把这普通的盒子玩出了不一样的惊喜。

其实在与孩子的交往中，我们不妨做一个懒惰的旁观者、一个傻傻的陪伴者、一个智慧的引领者，让宝贝的思维自由发散，成为一个真正意义上的儿童，一个有着儿童天性的人!

第五章　项目制家长课程的评价体系

任何课程体系的编制都不可能离开必要的评价体系。评价体系(又称为评估体系)处于课程编制的末端环节，是对初始目标达成度的测评，任何课程(无论什么层级的课程)如果没有评价环节，就无法构成一项课程计划的完整闭合周期。

提及课程评价，我们不可避免地会思考以下问题：

- 为什么要进行课程评价？
- 谁来进行课程评价？
- 如何来进行课程评价(这一点将涉及评价的分类)？
- 如何运用评价的结果？

在回答这些问题之前我们先搞清楚什么是“课程评价”。

第一节　课程评价的定义

一、评价的内涵

课程评价的概念千变万化，不同的学者有不同的认知。泰勒提出了“目标导向的评价”，即“评价的过程，从本质上讲，就是判定课程和教学计划在多大程度上实现了教育目标的过程……评价的结果能够使人注意到课程的哪些方面是有效的，而哪些方面需要改进”。① 在泰勒看来，评价需要通过至少两次测量来完成，测量是评价的手段。桑代克(E. L. Thorndike)同意泰勒的观点，提出了著名的论断：“凡是存在的东西都有数量。”之后迈克尔(W. A. McCall)补充了“凡是有数量的东西都是可测量的”的观点。② 在他们看来，教育评价就是进行教育测量。科林·J. 马什(Collin J. Marsh)、乔治·威利斯认为评价是测量学生通过课程学习获得多大效果的技术手段。③ 但是，艾伦·奥恩斯坦(Allan C. Ornstein)、弗朗西斯·P. 亨金斯(Francis P. Hunkins)等人不同意这个观点。他们认为，教育评价与测量存在着天然的联系，因此人们常常将二者混为一谈，测量是根据一定的规划赋予事物或事件一定的值，而评价则是赋予测量以价值和意义，测量总是先于评价。④ 由此，佩莱格里诺(James W. Pellegrino)、丘多维斯基(Naomi Chudowsky)、格拉泽(Robert Glaser)等人将评价定义为“通过证据进行推理的过程”，他们甚至建构了一个“沙漏”形的模型图来解释这个过程。⑤ 既然是一个推理过程，那么到底需要推出什么？哈丽雅特·塔尔梅奇(Harriet Talmage)认为，人们往往需要思考五个方面的价值：内在价值、工具价值、比较价值、理想化价值、决策价值。⑥ 从这个意义上讲，评价体系实质上就是价值判断体系。根据诺伯特·西尔(Norbert Seel)和萨内·迪杰卡斯

---

① [美]托尔夫·泰勒. 课程与教学的基本原理[M]. 施良方，译. 北京：人民教育出版社，1994：85.

② 史晓燕. 教师教学评价：主体·标准·模式·方法[M]. 北京：北京师范大学出版社，2020：9.

③ Collin J Marsh, George Willis. *Curriculum: Alternative Approaches, Ongoing Issues*[M]. Upper Saddle River, NJ: Pearson Education, Inc, 2007: 71.

④ [美]艾伦·奥恩斯坦，弗朗西斯·P. 亨金斯. 课程：基础、原理和问题[M]. 王爱松，译. 南京：江苏教育出版社，2013：240.

⑤ [美]艾伦·奥恩斯坦，弗朗西斯·P. 亨金斯. 课程：基础、原理和问题[M]. 王爱松，译. 南京：江苏教育出版社，2013：237.

⑥ Harriet Talmage. Evaluating the Curriculum: What, Why, and How [J]. *National Association for Secondary School Principals*, 1985(5): 1-8.

特拉(Sanne Dijkstra)的说法，评估提供数据，使我们能对两个或两个以上项目的意义或价值进行比较，它为项目的选择或确定项目是否应当继续提供基础。① 可见，评价除了判断教学的实施是否达成初始目标外，另外一个目的就是决策。正如丹尼尔·斯塔弗尔比姆(Daniel Stufflebeam)所言，评价就是"描绘、获取、提供有用信息以判断决策的他种选择的过程"。②

二、评价的定义

总的说来，所谓评价是一种教育教学环节中的重要手段和方法，教育者运用这种手段和方法来判定预设目标的达成度(即实现的效度和程度)，以及依据目标实现结果如何做出相应的调整，以有利于目标的达成或者修订预设目标。当然，要想使教育教学评价更具有效性和科学性，也需要对评价自身进行评价，即对评价手段和方法的评价。

第二节　教育评价方法及其分类

一、理论方法及分类

任何教育手段的实施都离不开教育理论的指导，教育评价也不例外。评价什么、采用什么样的手段进行评价、评价策略如何开展等都有相应的评价理念给予支撑，理念的变化将带来评价手段、方法的变更。正如萨维尼所言，人们的哲学观、心理学观将影响着评价的处理，采用行为主义评价方法的人在评价方式和结果探寻上，总是会有

① ［美］艾伦·奥恩斯坦，弗朗西斯·P. 亨金斯. 课程：基础、原理和问题［M］. 王爱松，译. 南京：江苏教育出版社，2013：239.

② Daniel Stufflebeam. *Educational Evaluation and Decision Making*［M］. Itasca, IL：Peacock，1971：25.

别于那些采用人文主义方法的人。① 因此，在探讨教育评价的技术性方法之前有必要对教育评价理论方法进行梳理、归类。

作为对教育教学目标达成度的判断手段，其也有发展完善的过程，埃贡·G. 古贝(Egon G. Guba)、伊冯娜·S. 林肯(Yvonna S. Lincoln)划分了评价的四个发展历程：测量、描述、判断和协商，每一阶段都有不同的教育教学评价理念给予支撑，评价理念的变化直接影响着评价技术手段的转变。古贝等人将前三个阶段统归为“预定式评价”，将“协商”式评价界定为“非预定式评价”，也就是他们称之的“第四代评价”。②第四代评价是基于建构主义理论的开放式评价手段，这种评价受到来自评价主体、评价环境以及社会和文化等因素的影响，它让评价成为社会学意义上的“共同建构”。在他们看来，共同建构出来的观念更接近于“真实”的事实。③

预定式评价受泰勒、布鲁姆的思想影响比较大，他们以目标作为教育过程和教育评价的主要依据，用以判定教育行为实施之后对目标的达成度，这被称作“行为目标模式”。显而易见，这里的目标是预先设定的，这也成为后来教育研究者批判的焦点。由于目标的预先设定，那么这个目标是否适合不同的教育行为，这是令人担忧的；同时由于过分注重对教学结果的评价，而忽视了对教学过程的测评，这也使得他们备受质疑。

针对“行为目标模式”的种种质疑，美国评价专家斯塔弗尔比姆(Stufflebeam)提出了“CIPP决策模式”，该模式分别对“背景”“输入”“过程”“成果”四个方面进行评价，是第四代评价模式的典型

① Sanne Dijkstra, *Curriculum, Plans, and Processes in Instructional Design: International Perspectives*[M]. Mahwah, NJ: Lawrence Erlbaum Associates, 2004: 309-330.

② 埃贡·G. 古贝、伊冯娜·S. 林肯. 第四代评估[M]. 秦霖，译. 北京：人民大学出版社，2008：6.

③ 埃贡·G. 古贝、伊冯娜·S. 林肯. 第四代评估[M]. 秦霖，译. 北京：人民大学出版社，2008：6.

代表。

奥恩斯坦和亨金斯从多层次视角两两相对地划分了四组不同的评价方法：①

- 科学的方法对人文主义的方法
- 功利主义者的方法对直觉论者的方法
- 内在方法对效果方法
- 构成性评价与总结性评价

这四组评价分别从不同的视角（如教育哲学视角、评价主体视角等）来对评价的方法进行归类，由此可见，教育教学的评价并非单向性的过程，依据不同的评价要求，可以采用不同的教育教学评价手段和方法。

在中国特色社会主义新时代背景下，国家、社会发展对创新型人才培养需求的增加，使得学校教育越来越多地考虑受教育者的主体性发展，这必然使得课程的开发更加多元、开放。此时，传统单一的评价方式已不能适应开放的课程体系建构需要，学校需要多元、开放的教育评价方式。这是国家、社会未来的发展趋势对教育变革提出的新要求，毕竟教育是为未来培养人才。

二、技术方法及分类

评价的技术方法是实施和开展评价的过程中所采用的具体工具和手段，通常较多采用定性评价、定量评价和定性与定量相结合的评价等几种评价手段。无论使用哪种评价手段都包含了三个阶段：收集数据阶段、分析数据阶段、做出判断形成结论阶段。定量与定性的区别就在于数据收集阶段的数据是使用量化的数字形式还是使用描述性语言形式。

① ［美］艾伦·奥恩斯坦，弗朗西斯·P. 亨金斯. 课程：基础、原理和问题［M］. 王爱松，译. 南京：江苏教育出版社，2013：241-245.

1. 定量评价法

定量评价法即科学评价法或标准评价法，是对评价数据进行量化采集后运用数理逻辑对数据进行统计分析的评价方法。

运用标准评价法来进行教育教学评价主要包括以下几个关键性步骤：

- 目标分解
- 量表编制
- 施测并收集数据
- 数据分析
- 做出判断并撰写结果说明

因此，定量评价法常用到的技术方法有：问卷调查法、访谈法(包括当面访谈、电话访谈等)、田野调查法、统计分析法、对比分析法等。其中，依据分解后的目标编制问卷是进行数据有效收集的重要前提，也是评价者需要掌握的重要工具方法之一。

通常编制一套问卷，需要做好以下几方面工作：

- 对总目标进行精准描述；
- 对总目标进行分解、分类，即将总目标具体化为若干目标分项；
- 依据目标分项设定测评原则和测评标准；
- 参考测评原则和测评标准设置调查问卷或访谈问题；
- 设定赋值标准(含参数权重)并为量表的各选项进行赋值；
- 在限定范围内进行施测以评估量表的信度、效度和可操作性；
- 调整优化量表，并再次施测评估(直至量表充分优化)；
- 确定量表并撰写量表说明

定量评价法由于采用了标准化的量化分析，使测试者施测和分析更加便捷，分析结果的解读也相对比较容易，可操作性强。但是，量表的编制及对数据的解读分析的专业性较强，并且编制过程需要反复测试以评估量表的信度与效度，这对非专业的评价者而言，显得较为困难，因此评价者可以使用成型的评价量表进行施测、评价。

2. 定性评价法

定性评价法是指评价者通过访谈、问卷、实践活动等形式，获取描述性数据，并运用形式逻辑进行数据分析，对教育教学做出判断的方法。

定性评价法的测评方式跟定量评价法基本相同，二者之间的差异之处就在于收集的数据是语词性的还是数字化的。定性评价法在使用过程中常常更加侧重于开放性评价结果的考察，即评价目标的达成度表述并不是评价的终点，而更注重结果判断的后续探讨与研究。

定性评价法采用的常规性技术方法有：田野调查法、访谈法(含电话访谈与当面访谈)、观察法、问卷调查法(在这里侧重于对问卷回答的考察而非赋值)等。近些年，随着社会学研究方法的发展，为了更深入、透彻地观察和了解被评价者，社会学中的质性研究法更多地被运用于评价之中。

当然，以上两种评价方法各有优缺点，前者可操作性强、便于施测，测试结果标准化，便于对比分析，多适用于标准化的预定目标式评价；后者则更加灵活，针对性较强，评价结果具有更强的拓展性，多用于开放式的非预定式评价。因此，在当前教育教学评价的过程中更多是将两种方法搭配使用，即根据教育教学的测评需求，将定量评价法与定性评价法分别运用于测评过程的不同阶段，这样更有利于多元化、全方位地进行考察评价。

第三节　大足实幼评价体系的建构

通过对评价体系理论发展的梳理和认知，大足实幼结合“小步行走，自在生长”的办学理念，“小脚丫”系列教学改革的实践，对项目制家长课程的评价体系做出如下思考。

一、为什么要进行评价

(一)评价是让教育、教学形成闭合体系的重要环节

在泰勒看来，任何课程的开发都无法回避对目标、内容、教法和评价四个方面问题的回答，这四方面问题环环相扣缺一不可，共同构成闭合的课程体系。即便是对以实践活动形式来建构的项目制家长课程，在其建设开发过程中也同样需要考虑这四个方面环节。

评价作为项目制家长课程的最后一环，是对先前目标的考核与评估，也是对实施者活动结果的检查评价。主要目的是测评其目标的实现程度和效果，并思考是否有进一步改进的可能性，或者直接提供最终的结果方案。如果缺少了这一步，那么我们就无法考察对家长实施教学后的最终效果，具体说来，就是无法验证家长是否最终成长为一名合格的家庭教育者。

(二)评价是做出有效价值判断的重要前提

从本质上来说，评价就是一种价值判断。这种判断既是对家长课程实施过程中具体数据的结果性分析，也是对基于前期结果的后续性发展的起点分析。传统的教育教学评价，更加侧重于前者；但是对于当前的改革性课程评价而言，项目制家长课程更加强调后者。课程体系改革是一种承上启下的实践活动，这类实践活动需要对前期课程的开展状况做出有效的价值判断，并依据判断为后续课程的调整、改进乃至推广、迁移提出相应的对策和建议。离开了教育教学的评价，判断就失去了依据和根本。

(三)对开放式的课程体系而言，更需要评价

作为开放式课程的项目制家长课程，受进步主义教育理论的影响，注重以“学习者为中心”，遵循“教育无目的论”的理念，不“人为预设”

目标，在教育教学结果中摒弃唯一性、排他性，更加强调结论的包容性，从而有利于推动课程的延伸性、知识的探索性和思维的多元性。当然，“开放”“无目的”并不代表认知上的无原则、无标准。恰恰相反，这样做遵循教育教学的规律，尊重学习者的认知发展，让课程更加贴近未来，更加有益于教育。显然，这些都需要靠教育教学的评价来完成。当然，这里的评价并非传统的对目标实现度的单向性评价，作为开放式课程的评价体系更加需要注重评价的多元性、开放性、延伸性。

二、哪些环节需要评价

(一)传统评价模式的评价

在传统教学中评价往往被放在教育教学的末端，作为对目标实现度考察的重要一环。评价只针对教学的结果来进行，无须对评价自身进行测评。当然这种做法不无道理，因为传统的教育教学是建构在一套标准化的课程理论体系之上。在实施教育教学工作前其就已经通过了专业的测评，因此，在使用过程中就无须再对评价的内容和评价的方式进行测评了。

(二)开放式评价模式的评价

与传统课程体系不同，大足实幼的项目制家长课程是开放式课程体系，采用开放式的第四代评价体系来对课程整体进行评价。作为开放式的评价体系，评价不仅要对教育教学的最终结果进行评价，同时还需要对课程开展的各个环节进行评价，并且为了确保评价的客观性、有效性和针对性，评价还会对自身进行评价。这是由开放式课程体系自身的特点决定的。

1. 课程主体决定了评价必须覆盖课程开展的各阶段、各环节

项目制家长课程是以学习者(家长)为中心的，也就是说课程从项目的选定、活动的设计、实施、评价反馈等都是由学习者自己设计的。

尽管家长受教育的程度越来越高，家长的能力、素养也越来越优秀，但是各个家长受教育的经历各不相同，所学专业也各有差异，尤其是并非每一位家长都受过系统的课程教学培训，都能够设计出完美、科学的活动课程环节。

2. 保证课程设计各环节的科学性、合理性

基于学习者(家长)的非专业性和活动课程设计的自主性特征，不可避免地令设计出来的各课程环节带有较大的主观性、随意性，因此，为了保证整个项目制课程各环节的科学性、严谨性、系统性，在项目主题的确定、项目内容的选择、项目活动的设计等环节都需要进行评估。

三、谁来进行评价

(一)传统评价的参与者

这是一个关于评价主体的问题，通常为了保证评价的公平性，传统的评价中往往是不允许课程参与者来参加评价的。评价往往由专人负责进行，这些人员包括：评价的设计者或者相关人员、能够熟练掌握评价技术和评价内容的专业人员、教学对象或者课程的受益者等。前两者作为评价的专业人员，能够运用专业知识，对教学、课程实施有针对性的精准评价，评价结果也较为科学、严谨；后者作为教学、课程之间或间接利益相关方，能够从影响效果和需求的视角开展评价。这些评价的参与者可以统一称为“第三方”，“第三方”可以是个人，也可以是机构。

(二)项目制家长课程的评价主体

尽管项目制家长课程采用开放式的评价体系，它与传统评价体系之间既有关联性，又有差异性。关联性表现为，开放式评价体系并不排斥第三方的评价，在评价过程中会让第三方人员或机构参与到评价的部分重要环节中。

但是与传统评价不同的是，第四代开放式评价会让课程和教学的参

与者、实施者参与评价的全过程。开放式评价不像传统评价那样预先设置评价目标、内容及标准。“为什么评价”“评价哪些”“怎么评价”这些内容都是在课程推进的过程中逐步显现并确定下来的，课程的参与者既是课程的开发者，也是课程的受益者，如果没有他们的参与，那么评价就会丧失客观、不够真实、毫无价值。第三方虽然有专业的知识，但是由于他们没有直接参与课程的设计和实施，所以他们会因为对课程的不熟悉，而无法对课程做出客观评价。因此在开放式的项目制家长课程中，课程的参与者，包括教师、家长、孩子等都应该成为评价的主导者、实施者。

四、如何进行评价

为实现项目制家长课程评价的科学、严谨、有效，大足实幼借鉴美国评价专家斯塔弗尔比姆(Stufflebeam)CIPP 决策模式四阶段评价的思想，对课程展开的各个决策性环节进行测评。

(一)CIPP 模式的基本内涵①

CIPP 模式包括了评价的四个阶段，CIPP 正是这四个阶段英文首字母的组合，它们分别是：背景评价(Context evaluation)、输入评价(Input evaluation)、过程评价(Process evaluation)、成果评价(Product evaluation)。这个评价是针对传统的“行为目标模式”在评价中过于注重结果评价而忽视过程评价的缺陷而提出的。

1. 背景评价

背景评价指对目标本身进行的诊断性评价。即对根据社会需要和被评价对象(个人、单位、方案、活动等)的状况提出的目标做出评价判断。这一阶段需要对社会需要、被评者的状况、目标对社会需要的满足

① 史晓燕. 教师教学评价：主体 · 标准 · 模式 · 方法[M]. 北京：北京师范大学出版社，2020：130-131.

度、目标与其实际影响之间的差异进行评论和分析。

2. 输入评价

输入评价指对教育评价方案可行性的评价，即对实现目标所需要的条件及可能获得的条件进行评价。为了识别教育方案的优劣，需要对实现目标所需要的成本、费用、可利用的人力和物力资源、解决问题的策略和相应的程序设计等进行调查研究。为了设计实现目标的最佳方案，可以把两个或多个竞争性策略中的最好方面结合起来，并增强其可操作性。

3. 过程评价

过程评价指对教育方案实施情况的评价，目的是获取方案实施情况的反馈信息，作为修改方案的依据。要将方案的执行过程与预定过程相比较，对是否按计划实施方案、是否以有效的方式利用现有的资源、方案的参与者对方案的接受程度、自己发挥作用的程度、观察者和参与者对活动质量的全面判断等问题进行考察、研究。

4. 成果评价

成果评价指对方案实施结果的评价，目的是测量和判断实施此方案的成果，并决定是继续使用、修改此方案，还是终止使用此方案。评价时要确认方案满足其服务团体需要的程度，考察方案的预期效果和非预期效果，以及积极效果和消极效果；分析该方案与备选方案的结果；比较成果与目标的差异；考察该方案的花费超过预期费用的程度；分析为达到目标与未能实施方案之间的相关程度等。

（二）CIPP 评价模式在大足实幼的应用

CIPP 评价模式拓宽了评价的考察覆盖面，从对目标实现度的评价覆盖到了课程开展的整个过程，更加适合对开放式的项目制家长课程体系的评价。但是从专业的视角来看，覆盖面的扩大无疑也增加了评价的复杂性和专业性，尤其是在目标设定的时候需要专业机构的调研、测评。因此，大足实幼在吸收了该模式评价思路的同时，对该模式的具体实施方式进行了调整和修订，降低其专业性来提升其可操作性。

首先，保留 CIPP 模式的“四阶段评价”思路和理念，并结合项目制活动课程的结构，从整体上将项目制活动课程分成四部分来进行考察、评价，分别对项目主题的浮现、项目核心问题的确定、实践活动的设计、项目活动的实施、阶段性反思及调整、总结反思等方面进行评价。

其次，采用团讨的方式来进行集体化调研、考察。充分利用了幼儿园家长工作及其所学专业多元性的特点，回避了在调研中的专业性要求，同时也避免项目制课程主题和目标具体化抉择中的偶发性和主观性。

再次，在目标的确定上更加注重受益者，包括儿童、家长、教师及第三方姊妹园的需求，降低专家的理论层面的限定，从而增加了评价目标的针对性和评价过程的可操作性。

最后，为保证测评的专业性、严谨性和科学性，大足实幼在课程开展的主体性阶段，采用了问卷法、访谈法、数据分析法等来提高测评的信度和效度，保证了测评的真实性、精准性。

总之，作为开放式的项目制家长课程，灵活性、开放性、可操作性是对开放式评价的总体要求。同时，为保证评价的科学性、严谨性和专业性，评价的参与主体也应该多元化，让尽可能多的相关人员加入到评价的过程中来，从而打破传统评价的独断性和单向性。当然，评价不是目的，评价应该成为推动教学改革和课程改进的重要手段，在评价中应该从这个视角出发，加大评价者之间的沟通和协商，从而让评价的结果能够成为下一阶段课程探索的起点和问题的思考点。

第六章　特殊家庭项目制家长课程的建构

在家长工作中存在很多特殊教育对象，包括贫困家庭的孩子、祖辈家长的孩子、单亲家庭的孩子，这些孩子出现了一些特殊的问题，家长为此要求教师制定个性化的项目制家长课程，指导家长重新认识孩子，跟随孩子的需要开展家庭教育。

第一节　特殊儿童家长项目制课程的建构

一、我家孩子究竟哪里不一样了？

（一）观察孩子，发现问题

浩浩在班级里是一位性格内向、安静、腼腆、言语少的男孩。每天早上他很早就入园了，不是班里第一位就是前五位到的孩子。当班里只有他一人的时候是他话最多，也最开心的时候。当教室里的孩子陆陆续续来到时，他的话就会越来越少，脸上的笑容也基本没有了。有时教室里小朋友多了，他会躲到午睡室里偷偷一个人玩，甚至趴在床下玩，或者躲到门后面，或者在教室外面跑圈圈。如果特别想玩某个玩具，他会把它藏到午睡室的被子里或床下，偷偷躲到午睡室里独自玩。如果哪一天早上他来晚了，教室里已经有很多小朋友了，他就站在门外迟迟不愿进教室。在整个小班阶段他几乎是不参与早操活动的，那时小班是孩子们围着一个大圆圈做早操，相互都能看到对方，他是唯一一个不能站在圈上做操的孩子，通常他就站在圈外的大树下或台阶旁望着大家，或自娱自乐，或转着圈玩，或在场地里跑来跑去。在小班的一次公开课上，老师让小朋友坐成 U 字形，老师坐在孩子们中间，小朋友后面坐着观摩的教师，刚开始上课，浩浩就离开了位置趴在了场地中间甚至打起了滚。老师把他请到自己身旁紧挨着坐，把他的手放在老师的腿上，他才安定了一会儿。

(二)分析孩子，找准问题

班级三位老师针对浩浩的种种表现进行了深入的分析，为什么人多的时候他会不自在，这是一位具有典型的学前儿童社会性发展“退缩”行为的幼儿，他不能与同伴主动交往，言语非常少，宁愿独自一人玩，人越多越紧张不安，甚至是选择逃避。教师初步判断他是焦虑退缩型+被动退缩型幼儿。《3—6 岁儿童学习与发展指南》提出：幼儿社会领域的学习与发展过程是其社会性不断完善并奠定健全人格基础的过程。为了帮助浩浩抓住这社会性发展的黄金期，老师决定加强家园沟通，了解浩浩在家里的表现和他的养育情况。

(三)走进孩子，直面问题

当老师给浩浩爸爸反映浩浩在园里的特殊表现时，爸爸尴尬地笑了笑，老师还没来得及深入交谈时，爸爸已经匆忙地离开了。当老师给浩浩妈妈反映时，浩浩妈妈的第一反应是：“他在家里都是好好的呀，没什么问题呀？怎么到了幼儿园这里也不对，那里也不对？”显然浩浩妈妈眼中的浩浩和幼儿园里的浩浩是不一样的，浩浩妈妈完全不能理解浩浩在园里的表现。眼见为实，耳听为虚，或许浩浩妈妈还怀疑老师反映的情况呢。

知道浩浩妈妈上班很忙，空闲时间较少，老师邀请浩浩妈妈送浩浩来园后不要急着离开，在教室外的走廊里多停留一段时间，静静地观察他的反应。

浩浩知道妈妈在教室外面看他，他在教室里安心地玩着，他用积木块搭了长长的道路，用一个小盒子当汽车，玩起了小车与公路的游戏，边玩边自言自语，一个人玩得很投入。窗外的浩浩妈妈脸上尽是喜爱、赞扬的笑容，眼里看见的是一个有创意、有建构力的健康儿童，哪有什么问题，浩浩妈妈决定离开。

老师有些着急了，极力挽留，老师是在等，等班级里幼儿更多一点。当离晨间接待结束时间越来越近，教室里的幼儿也越来越多时，浩浩开始有些坐立不安了，四处张望，把自己搭的积木弄成了一团，拿着小车躲到了门后。

浩浩妈妈想进行干预，老师及时制止了她，请她耐心观察，除了观察自家孩子，还留心看看周围孩子的状态。

一会儿，浩浩从门后走出来径直往午睡室跑了。

（四）家园沟通，寻准根源

浩浩妈妈通过实地观察，发现了自家孩子与其他孩子的不一样，明白了老师的良苦用心，接下来老师和浩浩妈妈进行了深入的交谈。

老师了解到浩浩爸爸妈妈都是医生，加班的时候比较多，浩浩在家里通常由奶奶照顾，奶奶不喜欢家里来客人，所以家里通常就是祖孙俩，奶奶性格内向、沉默寡言，不太喜欢出门，经常让孩子看电视，即使出门，地点也比较单一，常常坐在医院对面的小广场，那里是一个老年人集中的地方，奶奶和老人们聊天，浩浩就自个儿在旁边玩，几乎没什么玩伴。

通过与浩浩妈妈的沟通，老师与浩浩妈妈分析了了浩浩社会性退缩的原因，一是父母陪伴少，奶奶带的多，户外运动少，电视看得多。他生活的环境过于单一，没有给他制造一个丰富的、多元的社会交往的氛围，他从小接触的人比较少，外部的信息刺激太少，导致他的社交技能极弱，有些怕生。二是基因遗传，浩浩爸爸遗传了奶奶内向的性格，话语不多，而浩浩又遗传了爸爸，在语言表达方面稍弱了一些。这两方面的原因导致浩浩社会交往技能较弱，不知道如何与同伴交往，也不敢与同伴交往，人多时宁愿一个人玩，时常采取逃避行为。

（五）家园携手制定项目制家长课程，解决问题

找到产生问题的原因后就该寻找解决问题的方案了。老师和浩浩妈妈商量好了两套方案，让丰富的、多元的外部信息刺激浩浩的神经，让他产生社会交往的冲动，以此产生社会交往的行为。

1. 家庭教育方案

老师和浩浩妈妈一起商量关于浩浩的家庭教育方案，并由浩浩妈妈将爸爸和奶奶一起加入培养浩浩社会性发展中来。通过商议，初步拟定了以下三方面的内容：

一是重新认识孩子，抓住孩子交往的敏感期、黄金期。父母要认识到问题的重要性，改变以往的教育模式。教师推荐相关书籍、网络资源给浩浩爸妈，让他们增长相关育儿知识。建议父母利用更多时间陪伴浩浩，父母尽量不要同时加班，保证至少有一人陪伴浩浩。多带他走出家门，多参与社会活动，多接触各类陌生人。父母加班时可将浩浩带在身边，感受父母的工作氛围，还可以利用父母的工作接触更多的人。

二是为孩子培养玩耍的伙伴，让伙伴陪练社交能力。约上浩浩身边的小伙伴，可以是亲戚也可以是浩浩的同学，可以邀请小伙伴到家里做客，或到伙伴的家里做客，分享家里的美食、好玩的玩具，在家开展一些好玩的活动，让浩浩在有安全感、轻松、温馨的环境里，尝试与伙伴交往，体验到交往的乐趣。多带浩浩走进儿童场所，如游乐场、动物园、儿童公园等儿童场所，因为那里是每个孩子都喜欢的地方，有孩子

喜欢的动植物，有孩子喜欢的游乐项目，让孩子身心得到满足；还有很多陌生的、可爱的儿童，这里处处洋溢着孩子们的欢声笑语，很有代入感。在这里会有大量的社交信息刺激浩浩的神经元，引发交往的神经冲动。

三是家长制定“交往乐乐卡”，鼓励、赞扬、记录孩子的每一点进步。如主动与人交流一次，奖励一张交往乐乐卡，能接受伙伴的邀请参与玩耍，奖励 3 张交往乐乐卡，能主动邀请伙伴一起玩耍奖励 5 张，能参与集体活动不随意离开奖励 5 张，集满 20 张就可以兑换一次游乐园的门票等。父母陪浩浩共同商定奖励的办法，奖励的数量可以根据浩浩的情况而定，主要目的是肯定浩浩做出的积极交往行为，利用交往乐乐卡的约定给予浩浩新的刺激信息。兑换的方式根据浩浩当下的兴趣而定，原则上是父母、孩子共同商量、制定，本着尊重孩子的态度，不能由父母单方面决定。

2. 幼儿园教育方案

班级三位老师一起商讨针对浩浩的个性化教育方案，并达成一致共识。

一是营造安全、接纳、尊重的班级氛围。班级几位教师做好协调沟通，给予浩浩极大的尊重、宽容与接纳，用爱心、耐心、细心、关心让浩浩感受到妈妈般的安全感。教师对一个孩子的态度会直接影响班级其他幼儿对这个小孩的态度，教师对一个孩子的评价也会影响班级其他孩子对他的评价。教师一旦发现浩浩的闪光点，立即进行肯定和赞扬，甚至当着全班孩子的面进行肯定，如请他发表自己的见解并给与肯定，让浩浩在班集体里找到了认同感、归属感。

二是邀请浩浩当教师的小帮手。教师给浩浩提供一些为同伴服务的机会，这些服务的项目由简单到复杂，刚开始只是分发或收纳一些物品，如发书、发点心，整理书包、鞋子、区角材料等，这类服务不动嘴说话都可以完成，这对浩浩来说比较容易接受，不至于让浩浩排斥，让人际交往在这些看似简单的服务项目中悄然发生，达到润物细无声的效果。当浩浩能把这些小事做好之后我们就安排一些需要沟通的服务项目，如负责晨间的签到，这就需要提醒未签到的幼儿，以及帮助有困难的幼儿。

三是建立良好的同伴关系。教师有意安排愿意和浩浩一起玩的、性格活泼、主动交往意愿强的幼儿当浩浩的同桌，充分发挥好同伴示范、引领的作用，让浩浩在被动接受交往中，慢慢习得交往的技能，再转化为主动交往的能力。教师有意制造一些合作的机会，如两两结伴的游戏、三人游戏、小组游戏等活动，加深这种交往能力。

四是搭建展示、交流的平台。在班级里开展每日天气播报、每日心情播报、每日新闻播报、每日赞菜、故事剧场、今日发现、快乐分享等活动，为幼儿搭建展示、交流的平台，在良好的交流氛围中，在耳濡目染下激发浩浩主动表达的愿望。浩浩的建构力、创造力、观察力都是很强的，我们让浩浩分享他搭建的作品、创造的玩具，一旦浩浩在集体面前能开口说话，就给予及时的肯定与赞扬，让浩浩找到交流的自信，并强化这一社交行为。

（六）实施效果

浩浩在教师和家人的呵护、培养下，逐渐有了好转，融入集体的时候越来越多，在区角活动时也能融洽地与伙伴合作、交流了，他开始变得越来越自信了。在中班家长开放日中，面对全班的家长，浩浩又开始了焦躁不安，但在老师和爸妈的安抚、鼓励下顺利地参与了半日活动。这一次仿佛给浩浩父母注入了一支强心针，所有的努力都看到了希望。在大班下学期时浩浩的社会性发展又明显上升了一个台阶，和教师、同伴、家长交往已完全没有问题，一个社会性退缩行为的幼儿终于能应对日常的交往活动了。及时的家园沟通，有效的家园合作，两年的爱心陪伴与用心呵护终于见到了成效，浩浩的父母对教师有说不尽的感激。（文中均用化名）

二、我的女儿让我崩溃

(一)事件再现

"我的女儿5岁了，平常是奶奶陪伴的时间居多，在我管理的幼儿园上学，班上的教师可能碍于我是管理者，对她特别宠爱，养成了太多坏习惯，明年就要上小学了，我很担心，我觉得她不能适应小学生活。这个暑假我天天陪她，每天她都和我唱反调，她脾气倔强得狠，骂也骂了，打也打了，就是没有用。我也知道打骂不对，但是实在控制不住，我真的快要崩溃了。"这是一所乡村小学附属幼儿园园长的哭述，应她的要求小女孩从乡下幼儿园转学到我们大足实幼上大班。

刚来的萱萱第一天就让班级的老师领教了她的厉害。妈妈把她送到教室门口，她不愿意进来，转身就想往楼下跑，妈妈把她拽进了教室，她一脸不情愿，小眼神非常复杂。老师提醒妈妈和孩子商量好，她可能不满意妈妈的安排。妈妈苦口婆心说了一大堆，她才勉强同意妈妈离开。接下来萱萱开启了和周围环境的对抗，教师请她吃点心，她把脸转到了一旁，邀请她玩游戏，她拽着小手拧来拧去，一脸不屑的表情，她时常将大大的"不"字写在脸上，还说这个幼儿园一点都不好。老师在小伙伴面前介绍萱萱，她一句话都不吭，老师问："谁愿意和萱萱成为同桌，谁愿意和萱萱一起玩？"幼儿纷纷举手表示愿意，并发出热烈的邀请，岚岚是班里性格活泼、善于照顾同伴、交往能力强的女孩，老师将岚岚安排到萱萱身边就座，以便帮助萱萱尽快适应新集体。

这个5岁小女孩带着倔强、孤傲的性格，不愿与人交往。午睡时，时常睡不着，喜欢拧被角，抠被子里的棉花，中午午睡上好几次卫生间，时常借上卫生间的名义，躲在里面玩水。一次借上卫生间的机会，把全部男孩、部分女孩的牙刷牙膏扔到卫生间的窗户外，或塞进便槽的下水道里。当发现保育老师走进来了，她立即用卫生纸塞在上面掩盖，并按下了马桶里的水阀，企图用水把它们冲走。这件事在班级里掀起轩然大波。

(二)调查事件起因，及时处理危机事件

面对这名5岁的小女孩，老师压抑住心底的怒火，故作平静地询问是怎么回事。萱萱刚开始一口否定，说不是自己所为。从萱萱的表情和行为分析可看出，这不是一桩简单的破坏行为。前几天就有4名男孩的牙刷被人从卫生间的窗户扔到了外面，被几个小孩发现捡了回来。让人不解的是，老师的牙刷从来没丢，后面几个女孩的牙膏和牙刷也完好无损，了解到萱萱行为背后的动机后，我们开始了一系列的解决措施。

1. 减小案件带来的消极影响

(1)安抚利益受损的孩子，保证事情得到妥善解决。“老师会想办法让大家有新的牙膏和牙刷”，做出承诺后，其他小孩都安静了下来。

(2)减少对萱萱的再度刺激及伤害，避免事件的扩大化。“今天发生这种事情，我们班的每一个人都有责任，在老师没搞清楚是怎么回事前，不能责备萱萱，也不用急着告诉爸爸妈妈。”老师再度安抚各位小朋友。

2. 集体反思对萱萱的态度及行为

“萱萱为什么没扔教师的？她为什么扔了你们的？想想萱萱离开了以前她熟悉的老师和伙伴，来到新的班级，你们有没有关心过她？有没有主动邀请和她一起玩耍？有没有跟她分享你的快乐？”老师向各位小朋友提出问题。

3. 创建适合谈话的环境，了解事件原因

使用同理心，拉近心与心的距离。

教师让保育老师离开卫生间，并端来两张小椅子，教师和萱萱面对面坐着，开始了谈话：

教师：“感谢你没有扔掉我的牙刷，老师想后面几个小朋友也会谢谢你没有扔掉她们的。”

教师："你为什么要扔掉其他人的牙刷呢？是他们欺负你了吗？"

萱萱短暂迟疑后，终于说出了心里话。

萱萱："他们都不愿意和我交朋友。"

教师："你来的第一天，班上的同学都愿意和你交朋友呀，他们都把手举得高高的，老师还特地让岚岚挨着你坐，让她照顾你，带你一起玩。"

萱萱："她们都是假假的、假假的！"随后萱萱哭了起来。

萱萱的话着实让老师吃了一惊，老师立马把萱萱同组的几个孩子叫到了萱萱面前。

教师："萱萱说你们是假假地和她玩，是怎么回事？"

孩子们七嘴八舌地说："是她不和我们玩。"

岚岚："老师每次叫她和我们一起玩，她都不理我，还把头转到一边去。"

教师："萱萱，你听到了吗，原来这里面是有误会的，她们多次对你发出邀请一起玩，可你不答应还冷漠对待人家，她们就会以为你不想和她们玩，久而久之她们就不会来邀请你了，知道吗？"

教师："那你们现在还愿意和萱萱一起玩吗？""愿意！"小朋友们一齐回答。此刻萱萱脸上的表情变得柔和了许多。

莫莫："本来我是愿意和她交朋友的，但是她把我的牙刷、牙膏都扔了，我现在不想和她玩了。"萱萱一听耷拉下了脑袋。

（三）事件分析，回归孩子

事情基本了解清楚后，教师给萱萱妈妈交谈了许久，从萱萱的角度出发，回归孩子，站在同理心的角度进行分析。

萱萱从乡下幼儿园转入这个新班级后极不适应新环境，与同伴间的交往也出现了严重的问题，与老师间的交往也不和谐。她把自己孤立起来，回避与老师、同伴接触，久而久之，大家习惯了她的冷漠，当有一天没有同伴主动邀请她一起玩时，她就认为同伴对她有了敌意，导致她采取扔大家每天都会用到的牙膏牙刷的方式，以发泄心中的极大不满，这种不良行为受多方面影响。

1. 环境因素

萱萱的父母皆是乡村教师，父母工作任务繁重，几乎没什么精力与时间照顾她，她从小多与乡下奶奶在一起生活。爷爷早就去世了，奶奶是村里出了名的不讲道理的人，她没文化也不懂什么教育方法，属于简单粗暴、情绪化型，萱萱做错了事就打萱萱，有时又无原则地溺爱萱萱。情绪化的奶奶对萱萱的影响极大，严重破坏了萱萱的秩序感和安全感，她就像一只小刺猬一样，感觉自己不安全时浑身就充满了刺，以此来保护自己。

在大班之前萱萱就读于父母任教的附属幼儿园，由于妈妈是幼儿园的管理者，导致班级里的教师对她采取特殊照顾，常常让她享受特权。当萱萱逐渐长大，身上自私、任性、刁钻、叛逆的问题日渐突出，父母意识到了问题的严重性，决定从改变环境开始“自救”：一是与奶奶分开生活，从乡下进到城里。二是由原来的幼儿园转到城里的幼儿园。当父母和萱萱在一起生活时，直面萱萱身上的种种问题，父母从失望到无助，感到无能为力，萱萱更加缺乏安全感，心理上极度不适应。

2. 个人因素

这种生活环境和学习环境的重大变化对小小年纪的萱萱来说挑战是极大的。之前奶奶的溺爱与现在父母的严加管教形成了强烈的对比；之前幼儿园老师给予的特权以及她享受的特殊照顾，与现在幼儿园中人人平等的现状，让她心理落差非常大。加上她倔强孤傲的性格，在新环境中四处碰壁，终于她爆发了，采取如此过激的方式狠狠地发泄了心中的怨恨。

3. 教师因素

教师对她家里情况有一定了解，也提醒她的母亲在教育时注意方式，在幼儿园里老师对她的特殊关注的时间并不长，以往大班的插班生只需稍加关注和引导，幼儿就可顺利适应新环境，老师以为萱萱会像其他孩子一样顺利过渡，缺少进一步的跟进和特别的关注。

(四)家园辅导策略

1. 沟通促家园合作

老师与家长作了深入、细致的沟通后，双方达成共识，决定统一发力，纠正萱萱行为偏差。

(1)关爱疗伤

①理性处理，呵护心灵

对家长实施谈心法，让家长与老师统一态度：保持冷静，不指责不埋怨，积极想办法解决。首先在放学前老师给萱萱妈妈打了一通电话，讲了事情的大概，要求萱萱妈妈等会接萱萱时忍住自己的怒火，保持冷静，不指责不埋怨，积极想办法弥补萱萱犯下的过失，让萱萱感受到母亲和老师的宽容。

教师："今天萱萱在班里发生了一点事，首先你答应我不能激动、不能责备孩子，你的孩子已经不能再承受责备了，现在我们要做的首先是给她更多的关爱，老师在幼儿园会多多关注她、照顾她、呵护她；其次你们在平日的家庭教育中也要注意尽量不要指责她，多发现优点及有进步的地方，多表扬，多关爱。"

②亲子互动，爱上新家

为了让萱萱爱上新家，适应和爸爸妈妈相处的家庭生活，老师建议萱萱爸妈陪伴孩子参与家务劳动，在劳动中寻找亲子快乐，如一起制作蛋糕、一起制作面点、一起烹饪美食、一起打理植物、一起擦地板、一起收拾整理房间、一起洗衣服等，让萱萱感受到自己是家里的一分子。爸妈营造轻松愉悦、民主和谐、尊重支持的家庭氛围，会让萱萱觉得和爸爸妈妈待在一起有幸福感。

③走进自然，满足内心需求

为了让萱萱感受到家庭新环境给她带来的快乐，老师建议萱萱爸妈每天带萱萱认识新城区。萱萱从小在乡下长大，和大自然有着亲密接触，不能来到城市就脱离了自然，一定要找时间满足她对自然的需求。可到公园开展娱乐活动：邀请小伙伴一起玩，拾树叶、拾花瓣、玩树枝、玩石头、玩水、玩沙、找小虫子、找小果子、喂小鱼等；约上小伙伴运动运动，跳绳、跑步、溜冰、打羽毛球等；开展一些特别的活动如露营、野餐、徒步等。

④满足好奇，消除陌生感

为了满足萱萱对新环境的好奇，消除陌生感，老师建议萱萱爸妈每天带萱萱认识新社区。了解社区里的各行各业，如逛菜市、超市、商场、儿童娱乐场所、宠物店、文具店、玩具店等，了解社区里的银行、邮局、电信局、消防队、警察局、医院等，了解社区里从事各行各业的人，如理发师、面包师、公交车司机、保安、环卫工人、交警等。

⑤满足思念，孕育爱的情感

为了满足萱萱对奶奶的思念，同时也满足奶奶对孙女的思念，周末的时候父母陪伴萱萱回乡下老家看望奶奶。尝试让萱萱表达情感，如为奶奶准备礼物、唱歌给奶奶听、跳舞给奶奶看、为奶奶按摩、帮奶奶做家务、为奶奶做美食等。当奶奶看到孙女的变化，自然少了埋怨多了表扬，家庭氛围更温馨、融洽、有爱，萱萱的成长环境也就更健康。

(2)感知后果

教师："一是让她深刻体会到这种过失行为带来的代价是很大的。让她知道赔付 35 支儿童牙膏、牙刷是需要花费一大笔钱的，让她体会到花掉的这一笔钱对她带来的不好影响。二是父母请假亲自把堵塞的厕所进行疏通，让她体会到这有多难。"

那天下午放学后，老师和萱萱的妈妈一唱一和着实演了一出戏给萱萱看，让她知道这需要花掉家里一大笔钱，而这笔钱是这大半年给萱萱买新衣服和零食的钱，家人心疼得不得了。当天谈话结束后已经是下午 6：00 多，萱萱妈妈带着萱萱从上街走到下街，从小门市到大超市，带萱萱去了解儿童牙刷和牙膏的价格，并一路心疼着要花掉家里好大一笔钱。走了一个多小时，晚上 8：30 才回到家，晚饭也顾不上吃，就给老师打电话问准备赔付的物品是否合适。这期间萱萱妈妈没有半点责备，有的只是心疼赔付所花的代价。

老师同萱萱爸妈约定第二天中午来班级疏通厕所的下水道，可是到了第二天早上，萱萱妈妈突然说学校有事中午来不了，直接请工人来疏通。老师语重心长地给家长分析了父母亲自来和请个陌生人对萱萱带来的不一样的感受，到了中午百忙之中的父母带着一位工人来为班级疏通下水道，老师让萱萱全程陪同，工人和父母累得满头大汗，弄了足足一个多小时才把塞进去的牙膏牙刷掏出来，还让萱萱试了试如何疏通，让她感触深刻，目的就是让萱萱感知到自己的过失给家人带来了多大的麻烦。

2. 感受集体的温暖

全方位感受老师和同伴带来的温暖，多途径提高萱萱与同伴交往的能力。

(1)暖暖的午睡

教师和班级老师商量好如何给予萱萱更多的关爱，午睡时萱萱可以选择挨着老师睡，或老师陪坐在她床边，她喜欢柔软的物品带来的安全感，老师就让她抱着一个柔软的安慰物睡觉。

(2)甜甜的赞美

在平常的学习、游戏中给予表现的机会，让萱萱找到自信；发现她的进步，及时赞扬，让她感受到成功的喜悦。

(3)友谊的力量

老师时常注意引导萱萱多与同伴交往，特意培养她与同伴的交往能力，让其交往能力在一次次实操中得到锤炼。

(五)辅导效果

经过家庭、老师、同伴的多方努力，一段时间后，萱萱的脸上绽放出了自信阳光的笑容，性格也变得开朗起来，教室里、操场上都会看见她与小伙伴们开心玩耍的场面。萱萱有了自己的好朋友，感受到了友谊

的快乐。在家里萱萱也变得懂事许多，与父母的亲子关系也变得融洽了。(文中均用化名)

第二节　祖辈家长项目制课程的建构

一、走路速度太慢

案例1：幼儿园保安给老师反映有个孩子被奶奶溺爱到不能走路上幼儿园，每天都是坐背篓上学，这让老师吃惊不已。经保安指认，原来是班里的瑞瑞，瑞瑞头脑聪明，身体弱小，但再弱小也不至于不能走路上学吧，更何况他家离幼儿园并不远，成年人用正常的速度最多不过6分钟就可以到达幼儿园，老年人带着幼儿走路上学多一半时间也不过12分钟而已，为何奶奶要这样呢？老师决定第二天在园门口亲自迎接瑞瑞的到来。第二天早上8：40分左右，70多岁的奶奶弯着腰、喘着气，吃力地背着背篓，走到园门口，保安习惯性地接过背篓，抱出瑞瑞。奶奶看见老师也在，尴尬地笑笑说："他吃饭吃得慢，走路走得慢，背着走快一点，我还要去买菜。"说完，奶奶背着背篓走了。

案例2：有一个孩子每天上学都是骑在爷爷的肩膀上，连吃早餐也是在爷爷的肩膀上解决，有时还把爷爷的头当鼓敲，而爷爷则是满头大汗、气喘吁吁。当老师提出"让孩子自己走吧"，爷爷说"他走得太慢耽误时间"；当老师说"您这样太累"，爷爷说"不累，我把身体也锻炼了"；当老师说"应该把这个锻炼的机会让给孩子自己"，爷爷说"他身体好得很，比谁都灵活"。

案例3：还有一些经常由祖辈家长照料的孩子，上学、放学都坐在婴儿车里，由祖辈家长推着上学、放学。追问其理由，大多是觉得孩子早餐花掉了许多时间，而走路又太慢，早上时间紧，下午又忙着回家做晚饭，让他们坐小推车上学节约了时间，大人也会更轻松一点。

案例分析：

按常理分析，祖辈家长不再为自己的事业打拼，他们的时间比孩子父母的时间更宽松、充裕，为何会嫌孩子走得慢呢？

通过访谈发现，这类祖辈家长不让孩子走路的原因有以下几点：一是孩子走路走得慢，这里看看、那里看看，怕错过了幼儿园入园；二是孩子自己走路不该摸的要摸、不该买的要买，增加自己管理的成本；三是觉得孩子没长大，需要被照顾，对孩子太溺爱。

如何针对祖辈家长困惑，发挥祖辈家长的优势，避免祖辈家长教育的劣势，制定项目制家长课程呢？

（一）重新认识孩子

1. 了解孩子的内心需求

关于让孩子自己走路上学的问题，培训前可收集这类家长他们不让孩子走路的困惑。先让家长讨论陪同孩子“独立”入园的好处在哪里？陪同孩子上学的路上可以进行哪些亲子互动？随后播放《快乐上学路》的视频，让家长听听孩子内心的需求，听听他们想以怎样的方式上学，他们想在上学的路上怎么玩，想收集一些什么信息。“我想走路上学，可以和汽车赛跑”，“我喜欢坐公交车上学，公交车上的人可多啦，还会有很多好玩的事”，“我喜欢下雨天穿着雨衣和雨靴上学，雨落到身上的感觉真好”，“我喜欢走路上学，可以看到好多稀奇的东西”，“我走路的时候发现面包店搬走了”，“有一家衣服店广告声音太大了，被城管叔叔批评了”，“有一家服装店每天都打折，怎么赚钱呢”，“我发现公园里的树有很多种类”，“每家店名都不一样”……老师引导家长讨论孩子的需求里有什么价值，让家长意识到上学路上的价值不仅仅只是锻炼身体、养成不依赖他人的好习惯这么简单，还可让孩子主动学习、主动收集周围世界的信息，增强孩子社会性交往等价值。

接下来播放《上学路上的苦恼》的视频，“他们老是催我，说我动作慢，我只是想四处看看，我跑起来很快的，他们都追不上我”，“我爷爷天天想背我上学，我一点都不喜欢，我怕别人笑话我”，“我想走路，我外婆说要坐车”，“我想自己打雨伞，可奶奶说不行”，“我想有一双雨靴，下雨天我就可以自己走了”，“我想走红绿灯过马路，可奶奶说离我们太远了”……让家长再次聆听孩子的心声，只有让家长深入了解孩子、认识孩子，家长才会尊重孩子。

2. 学习《3—6 岁儿童学习与发展指南》

发送《3—6 岁儿童学习与发展指南》宣传册，利用家长会、专题培训会进行讲解，为家长梳理、解读健康领域中的动作发展要求。在来园路上有哪些地方可供幼儿练习呢？如《3—6 岁儿童学习与发展指南》里提到小班幼儿在具有一定平衡力、动作协调、灵活的基础上，能沿地面直线或在较窄的低矮物体上走一段距离。小班幼儿能单脚连续向前跳 2 米左右，能快跑 15 米左右，能行走 1 公里左右；中班能单脚连续向前跳 5 米左右，能快跑 20 米左右，能连续行走 1 公里左右；大班能单脚连续向前跳 8 米左右，能快跑 25 米左右，能连续行走 1.5 公里左右。让家长明晰此阶段的孩子应注意的动作发展方向，梳理如何利用哪个时间段、哪种形式、借助什么物体陪伴孩子进行锻炼。

(二) 回归孩子

让家长回归童年生活，找寻童年的快乐，家长才能感受到孩子内心的需求。

在野外寻宝亲子运动会中，家长和孩子一同闯过沿途的各个游戏关口。沿途的游戏关口是因地制宜地利用自然资源，利用特殊的场地资源，借助周围的草、树等植物设置的游戏关口。如利用上山的台阶，在路两旁的低矮植物上铺上网，设置了创意爬行区；利用大树，悬吊气球或旗子或利用大树的枝和叶设置纵跳摸高的关口；利用落叶设置了丛林隧道；利用小桥的栏杆，交错牵拉绳索，设置了惊奇一线；利用斜坡，设置了简易滑滑梯；利用低矮丛林设置了丛林迷宫；利用长长的步道，利用山坡上的草丛，隐藏好各类种子，让家长和孩子一起在草丛里寻找这一神秘礼物。让家长感受如何利用身边环境、物体开展体育活动，让家长与孩子在共同参与中体验运动带来的快乐，感受孩子因运动产生的快乐情绪，发现孩子在游戏中爆发的运动力。

在园内的亲子运动会中，幼儿园利用垫子、凳子、桌子、钻洞、布、圈、球等器械设置游戏情境及障碍，通过背红薯、运土豆、搬地瓜、抬冬瓜、滚南瓜等与生活紧密连接的亲子运动项目，让家长在与孩子共同参与游戏中回归童年的快乐，再次感受自己儿时的劳动是极具运动价值的体育游戏，让家长惊叹到孩子在劳动式运动中的体育能力，让家长觉醒在生活中也该如此放手让孩子参与劳动，在劳动中获得成长。

（三）跟随孩子

在家长开放日活动中，家长跟随幼儿的半日活动，在跟随中发现孩子。在早锻炼活动中观察幼儿参与的运动情况，观察自家孩子和同龄孩子的走、跑、跳、钻、爬、跨、吊、投掷基本动作的发展水平，明确自家孩子基本动作哪些需要加强练习，如何进行推进式练习。

增加一些专项练习，家长跟随、指导孩子一步步推进。如教师建议家庭亲子活动“拍球练习”，先让孩子练习原地拍球，练习拍球的标准动作姿势，刚开始原地拍球的范围可大一点，随着孩子拍球技能的提升而逐渐缩小范围，在拍球的数量上能清晰看见孩子的进步。在原地控球的能力有所提升之后，可以练习行进间拍球，刚开始行进的路线范围宽一点，然后随能力提升再逐渐让行进路线更精准一些，如直线拍球、绕S线拍球、绕场拍球等。老师指导家长在跟随孩子的过程中，指导孩子体育技能的发展。

（四）陪伴孩子

优化入、离园路上的活动，给幼儿营造轻松、自主、愉悦的氛围，让入、离园路上的陪伴更有意义和价值。

1. 谈话类活动

入园路途话题建议：一是计划类：今天准备给老师和伙伴分享什么？今天打算怎么玩？和谁一起玩？你准备为班级做哪些服务呢？二是猜想类：幼儿园的午餐会吃什么呢？今天幼儿园会有什么活动呢？三是发现类：今天天气有什么变化？大树、花草有什么变化？人们的衣着有什么变化？四周的商店有什么变化？四是安全教育类：从哪里过马路？过马路怎么选择时机？（过马路要走斑马线，先左看后右看，车辆离得较远时）怎样看懂红绿灯？（哪是车行红绿灯，哪是人行红绿灯）乘车安全有哪些？（不坐三轮车、摩托车、无证车上学；坐小车注意系上安全带，不在车上吃食物、不玩尖锐物品、上下车开右侧车门；坐公共汽车注意事项：上下车排队，有序进行，不跑动打闹、拉紧扶手）认识路旁的安全标志。

离园路途话题建议：一是回顾、总结类：今天大家玩得开心吗？午餐有什么好吃的？今天下午的点心吃了什么？今天幼儿园发生了什么有趣的事情？今天幼儿园发生了什么特别的事情？今天交的新朋友叫什么名字？谁是你的好朋友？他有哪些优点？你今天和谁一起玩了？玩了什么游戏呢？今天你有什么新的发现？二是学习类：今天老师安排什么新任务吗？三是计划类：我们走哪条线路回家呢？晚餐想吃什么呢？回家想怎么玩？晚饭后去哪里散步？你打算为家人做点什么？四是安全教育类：安全话题需要反复强调，针对路途中随时随地变化的安全隐患、安全常识，如认识安全路标、人行道上突然出现的电瓶车等，及时提醒孩子，增强孩子的安全意识和自我保护能力。

2. 体育游戏类活动

可利用路沿或在较窄物体上走一段距离，沿盲道或地面练习直线走，利用行道树开展绕S线跑，玩单脚跳、双脚跳、跑步、快走等基本动作游戏。

3. 展示类活动

在入、离园路上可以开展一些方便展示的小活动，如边走边唱歌、念念儿歌、讲讲故事、说说笑话、猜猜脑筋急转弯等。路上会遇到很多陌生人，在陌生人面前大胆展示自己，对幼儿来说能增强幼儿社会性发展中的人际交往能力。

二、他不会自己吃饭

案例：

关于喂饭的："老师，我家外孙不会自己吃饭，怎么办？""我家孙女也不会吃饭，在家都是靠我喂，不喂就不吃，怎么办？""我家那个淘气包，要边耍边吃。""我那孙子要边看电视边喂饭，不然就到处跑追起来喂。""我媳妇还说不准喂，不喂怎么行，难道就让他饿呀。""我那女儿也是说不准喂饭，她都是我喂大的，有啥子不能喂呀。""这么多孩子都不会自己吃，难道三个老师挨着一个一个地喂啊？""老师，午餐时我们来帮忙吧，这么多孩子，你们怎么照顾得过来嘛。"

关于咀嚼能力的："肉大了一点，他就嚼不动，吞不进去。""我在家都是把肉类和蔬菜切细了熬在粥里吃。""蔬菜长了一点，他吃到嘴里就打干呕。""我外孙女喜欢包饭，包在嘴里不嚼，有一次睡了午觉起来发现还包在嘴里，把我吓惨了。""加点汤在饭里吧，就吞得快一点。我通常都会给他泡一点汤。"

关于挑食的："我家宝贝光吃肉、不吃蔬菜。""我家的恰恰相反，只吃蔬菜不吃肉，丁点肉都要选出去。""我孙子最淘气，肉类和蔬菜都不喜欢吃，就喜欢吃酱油泡饭。""我那孙女喜欢吃白米饭，啥子菜都可以不吃，就吃一碗大米饭。""我外孙女喜欢吃咸菜，如果有咸菜就能吃一大碗，没有咸菜就得到处追起来喂，我女儿又说不准吃咸菜，恼火得很。"

案例分析，查找问题：

小班入园第一天，一群祖辈家长站在教室外焦虑地相互倾诉着，迟迟不愿离去，他们不放心的事很多，吃饭问题几乎是每个祖辈家长担心的问题。

利用访谈，我们发现祖辈家长在教育孩子吃的困惑里，主要原因有：一是普遍认为孩子小、动手能力弱，不会自己吃饭，自己吃饭满桌、满地到处都是饭菜，太难收拾整理了，大人喂饭就能避免。二是吃饭没有仪式感，没有建立规则。边吃边玩，有边看电视边吃饭的，有边玩手机边喂饭的，有边玩玩具边喂饭的，有边看书边喂饭的，有到处跑追着喂饭的。三是进餐时间过长，没有时间概念。有喂饭 1 个多小时还没吃完的，天冷的时候还需要热饭，后来干脆换成保温碗。四是进餐地点不固定，随意性大。孩子刚开始坐在饭桌旁进餐，一会儿就到处乱跑，客厅、厨房、卧室、书房、卫生间都有可能是下一个喂饭场所。五是孩子进食的量由家长决定。祖辈家长对幼儿身心发展规律不了解，孩子不想吃了，家长就喂，家长认为我喂他就会多吃一点，想把孩子瘦弱的身体喂壮实一点。

如何针对祖辈家长关于孩子吃的困惑制定项目制家长课程呢？

在充分了解、分析祖辈家长的困惑形成原因之后，我们制定了以下课程方案：

(一)利用家长会重新认识幼儿

幼儿园的家长会是集家长沙龙、分享会、家长课堂、本期计划于一体的家园活动。每学期在开学初召开期初家长会，在召开期初家长会前，班级教师会通过家长了解幼儿在家的生活学习习惯及行为表现，在家长会中教师与家长一同商谈本年龄段的发展方向，一起学习《3—6 岁儿童学习与发展指南》健康领域中的“生活习惯与生活能力”内容。“具有良好的生活与卫生习惯”包括：小班在提醒下按时睡觉和起床，在引导下不偏食、挑食，喜欢吃瓜果、蔬菜等新鲜食品；中班每天按时睡觉和起床，在引导下不偏食、不挑食、不暴饮暴食，喜欢吃瓜果、蔬菜等新鲜食品；大班养成每天按时睡觉和起床的习惯，吃东西时能细嚼慢咽。让家长在学习中得到指引，让家长对本年龄段幼儿发展有一个全新的认识，也让家长清晰地认识到自家幼儿发展水平所处的阶段。观看幼儿在园生活、饮食养成好习惯的视频，让家长反思为何有的幼儿在家会是两个样，激发家长进行家庭指导的信心。

教师和家长一起讨论如何解决育儿困惑，给予家长充分交流的时间，避免教师单方面灌输，让家长说服家长，让家长之间相互影响、相互学习，教师从中进行点拨。以茶话会的谈论形式促进家长主动抛出自己的困惑，寻求同伴的帮助，刺激家长主动学习，重新认识此年龄段的幼儿特点，重塑自己的育儿观。邀请个别家长分享自己的育儿经验，给听者树立良好家庭教育的榜样，同时也促进分享者进一步完善自己的家庭教育观。针对本班幼儿的现状，班级教师带领家长一同制定班级和家庭生活、学习计划，明确家庭教育中应注意和配合的内容，为家长指明家庭教育的方向。

每学期在期末召开期末家长会，将项目学习中的成果展示在家长面前，让家长看见幼儿的成长，让家长认识到幼儿当下的发展水平。家长在此活动中往往都会颠覆对自己宝贝的认识，感叹原来宝贝已悄然长大，远比自己想象中的能干许多。在期末家长会上教师会将本学期幼儿的生活、学习发展状况反馈给家长，同时也建议在接下来的假期里家长如何安排幼儿的假期生活。

(二)让家长回归孩子

1. 开展祖辈家长专题培训

针对祖辈家长的困惑，开设“我是孙孙的加油站”专题系列培训，邀请祖辈家长参与活动，纠正祖辈家长的育儿观念。

(1)畅所欲言

培训会以游戏开场，拉近沟通的距离，随后让祖辈家长说说自己带孙孙的困惑，相互倾诉，引起共鸣。在祖辈家长群体中特意安排家庭教育有良好经验的祖辈家长充当教师的“托儿”，发挥其作用，在关键时刻，发挥关键的引领作用。

(2)“吃”的学问

针对幼儿家庭饮食出现的问题，通过专题培训，提升家长对幼儿身体的认识。教师从幼儿身体发展的特点出发，从客观科学的角度分析幼儿吃的学问。如幼儿口腔的特点是容积小，黏膜柔嫩、干燥，血管丰富，容易破损和感染，这些决定了食物的形状要小，温度不可太烫；幼儿牙齿的特点是牙釉质较薄，牙本质较松脆，牙髓腔较大，牙齿表面的窝沟多，容易龋齿，6 岁左右开始进入换牙期，因此每天吃含游离糖的食物或饮品(包括鲜榨果汁)的频率不超过 2 次，每次摄入食物的时间要控制在 30 分钟内，尤其是含游离糖的饮料或纯果汁，尽可能短时间内摄入，不要长时间多次摄入；不摄入碳酸饮料，早晚刷牙，饭后漱口，当幼儿患有龋齿或在患牙期间，会影响进食；幼儿舌的特点是短而宽，灵活性较差，对食物的搅拌、协助吞咽的能力不足，这些特点决定了食物不能太大，进食速度不能过快。幼儿食管的特点是短且狭窄，黏膜细嫩，管壁肌肉组织及弹力纤维发育较差，容易受损，这些特点决定了食物要清淡，软硬要适中，温度要适当。幼儿胃的特点是容积小，黏膜柔软而富有血管，胃壁薄，弹性组织、肌肉层及神经组织发育较差，因而胃的蠕动功能差，胃的消化能力较弱，一次进食不宜过多，不然容易积食，每天建议“三餐两点”。幼儿大肠的特点是肠道肌肉组织和弹性纤维还没有发育完善，肠的蠕动能力不强，肠内容物通过肠道的速度较慢，容易发生便秘，因此幼儿的食物应荤素、主副食合理搭配。当祖辈家长了解幼儿身体发育特点后，自然明白了什么才是适合幼儿吃的食物、进食的量、进食的方式等。

(3)“喂”的危害

让家长体验被旁人喂吃东西的感受，观看喂饭的视频，教师带领家长分析喂幼儿吃饭的危害：一是喂饭让幼儿在吃饭上失去了主动性，让幼儿产生“被强迫”吃饭的感觉，会让幼儿对吃饭产生抵抗情绪，不利于食物的消化和吸收。二是剥夺了幼儿主动进食的权利，剥夺了一个非常好的每天练习手、眼、口、脑协调发展的机会，严重影响幼儿的整体协调发展。三是吃什么、吃多少决定权在家长手里，长久下来会让幼儿对饥饿饱胀的感知觉受到破坏。进食过快、进食过多都会影响幼儿发育。四是家长在喂饭的过程中幼儿在做着自己的事情，幼儿一直处于被打扰状态，一日三餐皆是如此，长久下来幼儿的专注力将严重受到影响。为了避免喂饭给幼儿带来的伤害，家长要忍住、忍住、再忍住幼儿练习吃饭时的脏、乱、慢，尊重、给予幼儿练习的过程。

让家长学习《重庆市家庭教育促进条例》中“3—6 岁年龄段儿童的家庭教育指导”的内容，了解孩子身心发展的特点。

2. 开展膳食营养家长沙龙

“怎样让孩子吃得开心、吃得安全、吃得健康”，如何合理搭配营养是家长特别关注、特别困惑且存有误区的问题。为了给家长们提供幼儿合理膳食的指导，帮助家长科学育儿，幼儿园开展以“合理搭配营养幼儿健康成长”为主题的家长沙龙活动。此活动特邀当地知名儿童保健医师作专门指导。

温馨的沙龙活动分为情境问答、互动解惑、品尝点评三个环节。活动前请参加活动的家长准备一份自己最拿手的、有营养的菜品。沙龙的第一环节为情境问答，活动前向家长开展问卷调查，了解幼儿的进餐情况并进行整理，将家长问卷调查中所提炼出的“孩子挑食”“吃饭不专注，边吃边玩”“在园吃饭乖，回家追着喂”“喜欢吃洋快餐”等共性问题设置情境，并通过录像给家长展示孩子吃饭时存在的问题，家长们针对以上几种现象，梳理自己的孩子属于哪一类，并向营养专家、老师或其他家长请教，请他们支招，找出解决孩子吃饭问题切实可行的方法。

第二环节为现场答疑，负责主持的老师将现场家长分成两组，进行现场答疑。家长们踊跃提问，同时也向幼儿园邀请的儿保营养专家提出自己的困惑。家长们分组互动，针对孩子膳食方面的困惑畅所欲言，各抒己见，并讨论制定一周食谱。

第三环节为菜肴的品尝和点评。幼儿园邀请家长在沙龙前精心制作美味又营养的菜肴来参加这次沙龙，在“品尝和点评”环节，请家长们晒出自己准备的最拿手的、有营养的佳肴，让大家品尝，随后相互投票，评选色香味营养俱全的佳肴，最后专家点评。通过品尝、交流、专家的点评，让家长知晓在日常生活中，怎样才能让幼儿均衡摄取各类营养素，让幼儿能够健康快乐地成长。在活动中家长既享受了美食，又互相学习了烹饪、营养保留和营养搭配的技巧。

3. 邀请当地知名的儿保专家来园作膳食营养讲座

通过营养专家的知识讲座，让家长认识到科学合理调配膳食营养对幼儿成长的重要性。让家长从孩子的生长发育的特点出发，学习合理调配各种食品，均衡营养；建立根据四季的变化，制定特色菜谱营养烹调的意识；注重食物的色香味形，以增强孩子的食欲。营养专家的参与，让活动更具科学性；专家深入的分析以及对营养搭配合理的解释，让讲座更有说服力，达到事半功倍的效果。

（三）跟随孩子

1. 借家长开放日活动契机，让家长观摩老师如何引导孩子愉快午餐

家长观摩老师组织幼儿进行餐前赞菜活动，通过食谱猜食材，如彩椒炒土豆丝会用到哪些食材呢？土豆丝孩子们知道是用土豆切成丝，但是彩椒是什么呢？不知道。平常见到的辣椒有什么颜色？有绿色、红色、黄色。通过老师的引导，孩子们立马明白将这几样辣椒加在一起就变成了彩椒。原来彩椒炒土豆丝会用到三种辣椒，这个发现让孩子们兴奋不已。孩子天生好奇，只要出乎他的意料就会让他欣喜万分，对食物也就充满了期待。为调用多种感观认识食材，老师提供绿、红、黄辣椒及土豆实物，视觉观察颜色形状，触觉感受软硬、光滑程度，嗅

觉感受散发的不同气味，用舌尖尝尝食材的切面，感受其独特的味道。此外，通过“秒懂百科”让孩子了解食材的营养价值，观看用此食材如何制作“彩椒炒土豆丝”这道美食；朗诵关于食材的歌词，唱唱关于食材的歌曲，培养孩子们对食物的喜爱之情。家长在跟随老师组织的赞菜活动中，体会到只有让孩子更充分地认识、了解食物才会让他爱上食物。

值日的孩子们有序分发餐具，孩子们自主地、有序地进行取餐，在伴有轻音乐的、愉悦的氛围中独立进餐，家长发现孩子在进餐中没有出现家里追着到处跑喂饭的情况，也极少发现有挑食的现象。家长在观摩中感叹幼儿园的午餐充满满满的仪式感，在跟随中也会反思自家给孩子进餐存在的问题，为下一步的改进指明了方向。

2. 借亲子活动后的美食分享，引导家长如何跟随孩子，帮助孩子建立与美食的亲密关系

老师建议家长与孩子一同商量要分享的美食，指导孩子亲身参与食材的挑选、购买、清洗、改刀、制作、烹饪、造型、摆盘，注意食物的色香味美，发挥孩子的主动性，让孩子在参与中体会美食带来的快乐，让孩子成为美食的主人。在美食分享中，让孩子找到制作美食的成就感，找到品尝美食的幸福感。

(四)陪伴孩子爱上美食

为了让孩子爱上美食，幼儿园建议家长在家陪伴、指导孩子参与美食的制作。

给家长提供各年龄段建议的活动：小班孩子在成人的帮助下，认识蔬菜的名称、颜色，用视觉、触觉、嗅觉感知蔬菜的特征，引导孩子玩按蔬菜的颜色、大小或长短等特征进行分类和排序等游戏。中班孩子尝试择菜、洗菜，学会正确的择菜方法，并在择菜过程中，认识蔬菜的结构，了解蔬菜食用的部分在哪，在成人监护下安全使用厨具，会协助帮厨。大班孩子能尝试制作美食，如包饺子、包抄手、包包子、做馒头、

揉面团、擀面皮、煮面、做甜酒、炒蛋炒饭等易操作的美食，在成人监护下安全使用厨具，能择菜、洗菜、切菜。

孩子参与食材的购买，在购买的过程中给予孩子自主选择种类、自主挑选食材的机会。培养孩子认识各类蔬菜，如红红的辣椒、绿绿的青菜、白白的萝卜、圆圆的南瓜、长长的丝瓜、方方的豆干、扎手的黄瓜、滑滑的茄子、软软的豆腐等，在丰富孩子语言词汇的同时，从颜色、形态、手感等方面初步认识常见的蔬菜，激发幼儿对食物的热爱。

家长指导孩子择菜，了解择菜的学问，不同的蔬菜吃的地方不一样：萝卜、胡萝卜、豆薯、山药等是吃植物的根；马铃薯、芋吃植物的茎；小白菜、大白菜、韭菜、紫甘蓝是吃植物的叶；花菜、西兰花是吃植物的花；西红柿、茄子、四季豆、毛豆、丝瓜、黄瓜、苦瓜、南瓜、冬瓜等是吃植物的果；莴苣、芹菜吃植物的茎和叶。不同的食材有不同的择法：西红柿用开水淖一下，很轻松就可以剥皮；吃南瓜瓤，留下的南瓜籽还有大用处；花菜、西兰花可以掰成小朵；四季豆、豇豆可以先扯掉筋，再掰成小段；苋菜要去掉老根；白菜、小白菜可以一片一片掰下来，也可以用刀切；小葱、蒜苗、韭菜的黄叶子可以轻轻地掐掉；莴苣要先把叶子掰下来，然后剥皮等；怎么剥蒜更便捷，让孩子尝试不同的剥蒜方法，如底部切掉法、瓶盖剥蒜法、摇晃法、刀拍法、头尾手捏法、温水浸泡法等，让孩子思考不同方法的原理，思考怎样剥得更快。把吃的部分留下，不吃的部分还有什么用处呢？家长可引导孩子思索。如：吃萝卜、胡萝卜时可以把靠近萝卜、胡萝卜茵茵的地方留下泡在水里，芹菜、香菜靠近根的茎和根一块儿泡在水里，它还会继续生长；剥掉的蒜皮可以泡水浇花，防止小黑虫入侵。这样做的目的是让孩子发现食物的更多秘密，让孩子彻底爱上食物。

家长指导孩子清洗、切割食材，安全使用厨具。可体验刀的不同角度，带来的不同切面，如胡萝卜条、胡萝卜片、胡萝卜块、胡萝卜丁、胡萝卜丝、胡萝卜段、胡萝卜泥等。年龄小的孩子可提供一些安全性能强又简单易操作的工具，如多功能切菜神器，操作起来简单，让孩子在玩玩弄弄中学习、劳动、爱上美食。

生活是一个较大的游戏场，生活也是一个较大的亲子教育课堂，关注生活中的点点滴滴，发挥其教育功能，让家长与孩子共同成长。

附　　录

附录 1　重庆市大足区实验幼儿园项目制家长课程评价问卷

一、幼儿评价问卷

年龄________　性别________　班级________

1. 每天放学回家，你最想谁来接你？

A　爸爸妈妈　　B　爷爷奶奶

C　外公外婆　　D　不知道

2. 每天放学回家，你最希望：

A　爸爸妈妈陪我玩　　B　看电视、玩手机

C　自己一个人玩　　D　不知道

3. 在家里谁陪你的时间最多？

A　爸爸妈妈　　B　爷爷奶奶

C　外公外婆　　D　电视、手机

4. 晚上回家后，你都会做些什么？

A　爸爸妈妈陪我玩

B　跟爷爷奶奶或者外公外婆玩

C　看手机、电视

D　一个人玩

5. 当我不小心打碎了爸爸最喜欢的杯子后，我会

A　马上告诉爸爸

B　马上告诉妈妈

C　马上告诉爷爷奶奶或外公外婆

D　不告诉任何人

6. 当学校开家长会或搞亲子活动的时候，你最希望谁能来参加？

A　爸爸妈妈

B　爷爷奶奶

C　外公外婆

D　谁来都行

7. 当我弄坏了家里的东西的时候，爸爸总是：

A　笑着安慰我

B　严厉地批评我

C　跟我讲道理

D　什么都不做

8. 当我弄坏了家里的东西的时候，爸爸妈妈对我跟过去相比：

A　跟过去一样还是骂我

B　以前骂我，现在不骂了

C　以前不骂我，现在骂我了

D　跟过去一样不骂我

9. 晚上睡觉前，我想让爸爸妈妈给我讲故事，爸爸妈妈：

A　会很高兴地给我讲故事

B　在我不断要求下才会给我讲故事

C　不管我怎么说，都不会给我讲故事

10. 当我看到一个喜欢的玩具爸爸妈妈不给我买时，他们会：

A　给我讲为什么不给我买

B　不管我愿不愿意，拉着我就走

C　严厉地批评我

11. 当妈妈爸爸有时间的时候，我让他们陪我玩他们会：

A　每次都高兴地答应

B　在我不断要求下，他们才会陪我玩

C　总是回答我没空

12. 当我想让爸爸妈妈陪我玩，但他们没空陪我玩时，他们会：

A　给我讲为什么不能陪我玩

B　放下手中的事情陪我玩

C　骂我不懂事

13. 爸爸妈妈下班回家后，总是：

A　会陪我玩

B　给我一个手机或电视，然后自己玩手机

C　干他的事情，不管我

14. 周末的时候，爸爸妈妈总会：

A　带我出去玩

B　让我在家玩游戏机、看电视

C　干他们的事情，不管我

15. 当我不开心的时候，爸爸妈妈：

A　很快就能发现

B　有时候能够发现

C　很少能发现

16. 当我学篮球、画画、跳舞等的时候，爸爸妈妈：

A　总是陪着我，看着我

B　虽然跟着我，但在干自己的事情

C　很少陪我

17. 当我问爸爸妈妈为什么的时候：

A　总是很耐心地回答我

B　会问我更多的问题

C　总是不理我

18. 当我不想吃青菜的时候，爸爸妈妈：

A　给我讲一大堆道理

B　会把青菜做成更好吃的东西哄我吃

C　骂我并强迫我吃

二、家长评价问卷

请独立完成以下问卷，将您的真实想法填写在问题后面。（本问卷调查只作教学改进之用，不作他用，请如实填写您的想法。）

你的孩子在：大（1）、中（2）、小（3）班

你孩子的性别：男（1）、女（2）

你是：爸爸（1）、妈妈（2）、爷爷（3）、奶奶（4）、外公（5）、外婆（6）

1. 当孩子问你自己是从哪里来的时候，你会：

2. 当孩子（男）每天回来都告诉你他跟最要好的朋友（女）在幼儿园里的各种事情的时候，你会：

3. 当孩子经常跟自己的异性小伙伴亲昵的时候，你会：

4. 当孩子告诉你，长大之后要跟自己最要好的异性同学结婚的时候，你会：

5. 当工作一天的你，疲惫不堪地回到家后看到孩子将玩具扔得满地都是的时候，你会：

6. 当你刚将孩子的玩具归类收拾干净，马上又被孩子扔得满地都是的时候，你会：

7. 晚上当您三番五次叫孩子去洗漱，但他仍然跟没听到一样地在玩时，你会：

8. 你每天晚上回家后主要做什么？

9. 你每天晚上通常陪孩子的时间有________小时。

10. 当你教过孩子很多回后，孩子仍然会把尿尿到裤子上时，你会：

11. 当孩子犯了错误，你跟孩子讲道理的时候，孩子不听或听不懂，你会：

12. 当你听说孩子的幼儿园每天只是带孩子做游戏、玩耍，从未教过拼音、算数、诗歌等文化课的时候，你会：

13. 当老师要求你给孩子报幼儿阅读、幼儿英语、幼儿珠心算等兴趣班时，你会：

14. 当孩子不停地问你为什么的时候，你会：

15. 当孩子问你为什么跟异性朋友身体长得不一样的时候，你会：

16. 当你看到其他的孩子都报了各类文化课兴趣班，你会：

17. 当平时很活泼的孩子，突然有一天变得沉默，你会：

18. 当孩子邀请小朋友来家玩耍，你会：

19. 当孩子邀请你参加小伙伴的活动时，你会：

20. 有一天你突然发现孩子在被窝里孵小鸡的时候，你会：

21. 当孩子要求你跟他(她)一起孵小鸡的时候，你会：

22. 正在打植物大战僵尸游戏的孩子问你，为什么会出现僵尸的时候，你会：

23. 当你给孩子解释完僵尸的相关信息后，你的孩子突然说，爸爸(妈妈)其实僵尸并不存在对吗？你的想法是：

24. 当孩子问你，什么是“鬼”，你会：

25. 当孩子要求你陪他一起看蚂蚁的时候，你会：

26. 当与孩子一起观察蚂蚁的时候，你会：

27. 当老师要求你的孩子画一幅比较复杂的绘画，而你发现他(她)画得简直不能算画的时候，你会：

28. 当别人家的小孩已经能背诵多首唐诗，而你的孩子却还什么都不会的时候，你会：

29. 当你教孩子画苹果时，发现孩子将苹果画成了一幅抽象画的时候，你会：

30. 当孩子开始换第一颗牙，并且感觉害怕时，你会：

31. 当你无论怎么说，孩子都喜欢光脚在家里的地上跑时，你会：

32. 每次刚给孩子换上干净衣服，孩子就坐在家里的地上玩耍时，你会：

33. 每次吃饭时孩子总是扒拉了两口就说吃饱了，但下桌后就开始吃零食，你会：

34. 当孩子吃饭时只吃肉，总是不吃蔬菜，你会：

35. 当孩子总是喜欢欺负别的小朋友时，你会：

36. 当孩子被其他小朋友欺负时，你会：

37. 每次孩子“犯错误”时，你会：

38. 每次带孩子出门，孩子都要求你给他买玩具，你会：

39. 当看到父母毫无底线地宠溺孩子，你会：

40. 每天回家后，孩子就拿着手机玩游戏(或看电视)，不打扰你时，你会：

三、问卷设定的维度标准：

(一)幼儿的维度

幼儿作为项目制家长课程的受益者，它是课程评价的主体，评价时注意三个维度：一是亲子关系融洽程度，是否经常陪伴幼儿，让幼儿开心；二是否满足幼儿合理需求；三是家长的榜样示范是否到位。

(二)家长的维度

家长作为项目制家长课程的参与者，他对课程的评价应注意四个维度：一是针对家长的教育素养提升，是否提升了家长及其家人的教育素养；二是为家长提供的学习途径是否多样且方便；三是在学习层次上，是否满足了各类家长的学习需要；四是教育运用是否适宜，是否提升了家长的亲子互动质量。

教师作为项目制家长课程的设计者和实施者，他对课程的评价应注意四个维度：一是课程理念是否新；二是是否基于儿童，引导效果怎样；三是家长是否认可，参与度如何，是否能提升家庭教育素养；四是是否便于组织实施。

（三）第三方维度

项目制家长课程在推广过程中，会面临社会的评价，其评价维度有：推广效果影响范围；家长反馈的口碑是否好；是否具有推广价值；是否便于复制推广。

问卷使用说明：

1. 本问卷属于初步建立的问卷库，教师通过抽取本库中一定量的试题组成测试问卷。

2. 针对儿童评价问卷的实施：可以分个体进行测试也可以进行群测。

3. 针对儿童进行问卷测试时，抽取的问题一般不超过五个。

4. 儿童评价问卷应在教师的组织下，由儿童口头回答即可。

5. 针对家长的问卷，抽取的问题一般不超过十个。

附录2　“大脚跟小脚”项目制家长课程活动设计

活动主题：×××××××××

一、活动目标：(以团讨方式分列出具体目标)

1.

2.

3.

说明：

(1)头脑风暴。(老师引导，家长去思考，每一位家长都要围绕主题提出自己的困惑或者迫切想要解决的问题)

(2)团体讨论。(聚焦核心问题2~3个，并讨论问题的可行性?)

(3)小组团讨。(依据对问题的关注点分组。依据问题提出假设，探讨应对性策略，列出探究的核心问题，即我们最终想要发现什么?)

二、活动参与者：×××、×××、×××、×××

说明：列出小组参与者名单及其角色(或任务)分配。

三、活动方案：

(一)活动方式(以游戏或者其他的活动方式)；

(二)选择活动内容(或主题)；

(三)创设活动情境；

(四)设计活动环节；

(五)寻求活动资源：准备项目活动实施的相关资源(物资资源)和分配相关工作(人力资源)；

(六)活动实施：以个体或小组为单位实施探究性项目活动。

四、小组阶段性总结

1. 小组成员认真填写活动记录表；

2. 汇总活动记录表中集中反映的问题；

3. 团讨(归因分析，找准问题症结，确认新问题，寻找新策略，调整活动设计方案，准备再次实施)；

4. 重复探究与呈现，直至目标达成。

五、总结反思

1. 小组汇总、整理活动的关键信息及记录数据；

2. 团讨：小组成员分享活动过程中的所思、所悟；

3. 凝练团讨结果，依据主题、目标抽象出幼儿教育的技能；

4. 反思得失。

附录3 重庆市大足区实验幼儿园幼儿行为观察记录表

一、活动名称

二、观察环境

1. 游戏室内的区角活动

2. 室外的体育活动(等)

三、观察对象

四、观察取样

编号	观察的问题	预设可能产生的行为	实际活动中的行为	归因分析

续表

编号	观察的问题	预设可能产生的行为	实际活动中的行为	归因分析

五、观察者

×××

六、观察者角色

观察者参与(或不参与)被观察者活动(如果参与将扮演什么角色)

七、观察时间

×××

八、观察频次

×××

附录4　重庆市大足区实验幼儿园项目制家长课程反思总结记录表

<table>
<tr><td>项目</td><td colspan="3"></td></tr>
<tr><td>活动的关键点描述</td><td colspan="3"></td></tr>
<tr><td rowspan="4">项目活动反馈</td><td rowspan="2">与预设相一致的行为</td><td>行为描述</td><td></td></tr>
<tr><td>原因分析</td><td></td></tr>
<tr><td rowspan="2">与预设不一致的行为</td><td>行为描述</td><td></td></tr>
<tr><td>原因分析</td><td></td></tr>
<tr><td>总结反思</td><td colspan="3"></td></tr>
</table>

附录 5　重庆市大足区实验幼儿园
“小脚踏踏”区域联合游戏家长观察记录表

<table>
<tr><td>幼儿姓名</td><td></td><td>班级</td><td></td><td>与幼儿关系</td><td></td><td>记录时间</td></tr>
<tr><td>观察项目</td><td colspan="6">观察实录</td></tr>
<tr><td>游戏中的情绪</td><td colspan="6">开始的情绪
过程中情绪的变化
表达情绪的方式</td></tr>
<tr><td>游戏中的规则</td><td colspan="6">遵守了哪些规则</td></tr>
<tr><td>游戏中的独立性</td><td colspan="6">自主选择游戏场所：能(　　)不能(　　)；独立完成游戏活动：能(　　)不能(　　)
能否保管好自己的物品：能(　　)不能(　　)
其他：</td></tr>
<tr><td>游戏路径</td><td colspan="6"></td></tr>
<tr><td>游戏中的语言表达</td><td colspan="6"></td></tr>
<tr><td>游戏中的数学运用</td><td colspan="6"></td></tr>
<tr><td>游戏中的交往</td><td colspan="6"></td></tr>
<tr><td>游戏中的品质</td><td colspan="6">(如解决困难、适应人际关系、表现与创造、沟通合作、探索发现等)</td></tr>
<tr><td>游戏中的事件</td><td colspan="6">幼儿遇到了什么问题？他是怎么解决的？家长是否介入，如何介入的？幼儿获得了什么经验？</td></tr>
</table>

说明：认真参与填写此表的家长，将为自己的孩子赢得 2 元游戏币。